智能组织

Intelligent Organization

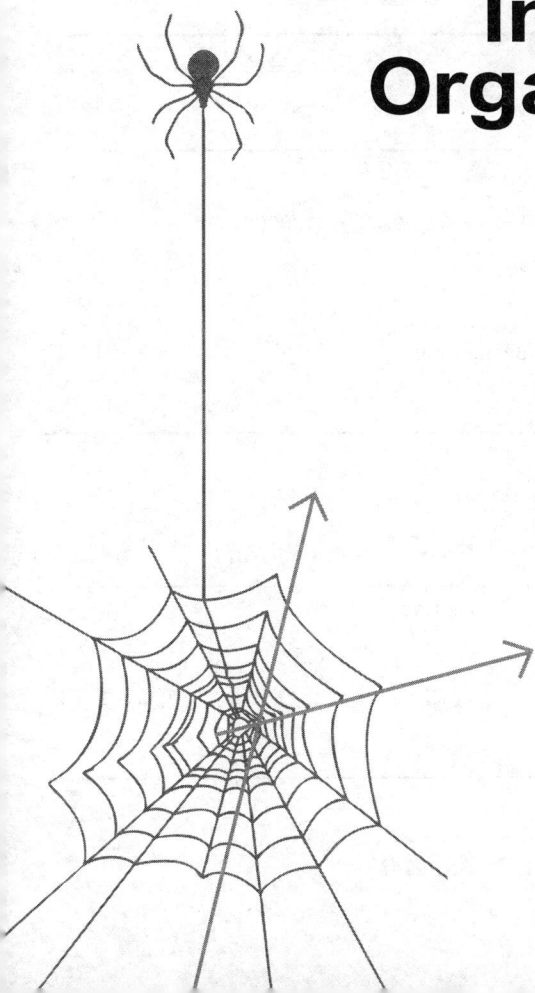

吕诚伦◎著

台海出版社

图书在版编目（ＣＩＰ）数据

智能组织 / 吕诚伦著 . -- 北京 : 台海出版社，
2022.10

ISBN 978-7-5168-3396-4

Ⅰ . ①智… Ⅱ . ①吕… Ⅲ . ①企业管理－组织管理
Ⅳ . ① F272.9

中国版本图书馆 CIP 数据核字（2022）第 173559 号

智能组织

著　　者：吕诚伦

出版人：蔡　旭　　　　　　　　封面设计：张合涛
责任编辑：王　艳

出版发行：台海出版社
地　　址：北京市东城区景山东街 20 号　　邮政编码：100009
电　　话：010-64041652（发行，邮购）
传　　真：010-84045799（总编室）
网　　址：www.taimeng.org.cn/thcbs/default.htm
E-mail：thcbs@126.com

经　　销：全国各地新华书店
印　　刷：环球东方（北京）印务有限公司
本书如有破损、缺页、装订错误，请与本社联系调换

开　　本：880 毫米 ×1230 毫米　　　　1/32
字　　数：149 千字　　　　　　　印　　张：8.5
版　　次：2022 年 10 月第 1 版　　　印　　次：2022 年 10 月第 1 次印刷
书　　号：ISBN 978-7-5168-3396-4

定　　价：68.00 元

引子：泛边界的组织时代

一棵小树在长成大树的过程中，最好的条件莫过于自身处于良好的自然环境中，其次莫过于身处森林，小伙伴们可以和它一起抵御雨雪风霜，面对各种可能出现的自然灾害。这样，它才可能茁壮地成长为一棵参天大树。

然而，实际情况是，很多小树需要自己生长，需要独立面对所处的环境和风险。它只有让自己强大起来，才能持续良好地生存下去。

当然，观察小树的生长特征，我们不难发现，小树在生长的过程中不排斥和其他同伴共享资源，也能看到每棵树的周围都有很多其他植物的踪迹，它们共同构成一个生态系统。

再深入观察会发现，大树和小草并没有清晰的生存界限，有的小草长在大树枝杈的沉积土堆里，有的树根裸露地面后与小草比邻相依，还有更多的小草生存在大树的脚下。它们呼吸着相同的空气，吸收着相同的水分，可能还经受着同样的昆虫侵扰。如果把影响它们生长的负面因素都称为它们的"敌人"，那么很明显它们在共同"对敌"。

对于商业组织而言，也会有同样的遭遇。

商业组织具有共同的生存环境，也都面临着类似的机遇与挑战，它们在与客户需求"赛跑"上处于同一起跑线。为了获得持续的竞争优势，商业组织会做两方面的工作：一是与可以合作的对象共生发展，形成命运共同体，建立商业生态系统；二是不断地改造自身，形成独特的难以撼动的核心优势。

当前商业形态深刻变迁，产品从手工到机械再到程序智能，服务从实体到互联网再到"互联网＋"，商业的世界已经发生了深刻变迁。越来越多的商业开始趋向于合作共赢，而协作、开放、共享大概是最新一波商业奇迹的基本特征。

竞争和合作的关系已经很难准确描述当前的商业行为，而相对应地，组织与组织之间的关系需要用新的观念和理论来定义和诠释。

对于使商业形态落地的商业组织而言,目前已经被"倒逼"着必须作出改变。

一、组织变革

当前,大多数企业仍然没有走上组织变革的道路,少数的先知先觉者开始行动起来,甚至时刻保持敏感性,注重及时有效地变革组织。

当柯达决定做世界上最好的胶片公司时,它并没有意识到自己会被时代淘汰。

那时的摄影工作者以使用柯达胶片为时髦,强大的胶片生产技术也让柯达公司风光无限。然而,随着 20 世纪电子信息技术的发展,数码摄像技术发展迅速,柯达公司的产品慢慢不再是市场的"香饽饽",不得不减少产量,企业最终被收购。

这也反映了商业产品和服务的发展和消退,往往伴随着商业形态的发展和变迁。

在使用柯达胶片进行拍照时,只有少数人掌握冲印技术,柯达胶片的受众并不广泛。当数码相机出现时,每一个人都可以自己打印相片,数码相机的受众出现指数级增长。

技术的发展给商业本身带来巨大转机。任何以技术为基础的产品都可能过时,但是客户需求具有相对的一致性,所以我们在考虑商业形态发生的变化时,需要抓住用户需求这一根本着眼点，这样才不至于无的放矢。

下面再谈谈纺织品行业的例子。

短短几十年，纺织品的生产发生了巨变。从人工纺织到人工和机械协同纺织，再到多机械自动纺织，纺织业的制作工艺、产品内容等都出现了难以想象的变迁。

当前，智能化紧密纺工厂是新型商业形态，它的整个生产管理已经是基于智能信息化的大数据管理，在每一个设备上都安装传感器，从而采集一线数据进行分析，实现精细化生产管理。

而人工纺织时，纺织品生产、销售以家庭式作坊的形态存在，其所能覆盖的消费者范围可能只有半径很小的周边地域，属于自产自销的商业类型。人机结合纺织时，纺织品以传统工厂的形态存在，通过渠道商的投入可以覆盖更广的消费者，属于群产自销的商业类型。智能管理纺织时，纺织品以精细化管理企业的形态存在，通过互联网覆盖任一消费者，属于群产群销的商业类型。

当技术迭代呈现指数级发展的特征时，商业模式的变迁也必将紧随其后，这样企业才能重新获得赋能，实现新的持续性发展。

也就是说，随着商业形态的变迁，商业组织必须时刻保持敏感性。当商业变迁的节奏已经快于组织变革时，组织的风险就会日渐显现，甚至成为阻碍企业发展的负面力量。商业组织必须敏锐发现商业形态的变迁，以良好的触觉来感知商业变迁。

二、了解组织生存的基本问题

组织生存，是个混沌的复杂系统工程。

根据对当代商业组织的观察和分析，我们认为组织生存需要解决下面六个基本问题。

一是明确组织目标，即需要把组织建设成什么样子。当前涌现出的生态型组织、有机型组织、网络状组织等，为组织变革提供了一些思路，但毫无疑问它们都需要持续进行改进和验证。

二是利、权、责的界定。商业组织的根本职能是实现利益诉求，所以组织成员的获益范围需要进行明确，否则组织运行就会因利益分割问题造成组织力量的分崩离析。而要实现组织功能就需要进行决策，表现为权力的使用。谁的份额大？谁的权重大？谁具有最终决定权？这些问题明确才能使组织运行变得有序。组织内部不同岗位的人员，都要具有特定的责任，一个人身处组织的位置就决定了他需要负担的责任。

三是管理层级的划分与运行。组织一般是具有层级特征的。对于要实现战略目标的组织而言，组织的初始力量是覆盖不到所有终端的，这就需要通过组织的层级来达到组织目标。因此过去几个世纪以来，科层制管理是绝大多数组织的基本模式。对于当前扁平化组织而言，组织的层级性特征没有那么明显，且组织的层级在动态变化中，以前上游的组织在新的商业行为中可能成为下游组织，但是总体而言，组织的层级性依然是存在的。

四是组织结构的属性。很多商业结构都摒弃了以往正式的组织结构，而代之以非正式的组织结构。通过对组织结构的灵活拆分和重组，组织元素就会产生最大的组织效用，促进组织的发展和功效体现。同时，很多组织是静态的，有的组织是动态的，有的组织像水一样具有柔性。

五是组织的环境及生态。组织生存所处的环境往往有机会也有风险，有同伴也有竞争者。在组织生存的过程中，需要灵敏地对环境作出反应，这样才能更好地应对环境风险，最大限度利用环境中的机遇。

六是组织的决策。随着客户个性化、即时性需求的增长，组织权力不断下放，决策的机制面临深刻变革。当前，组织之间的协同层级越来越下沉。以前是上层之间围绕组织目标进行协同，后来是中层之间围绕产品和服务的环节进行协同，现在是下层之间围绕客户需求进行协同。

然而，不管处于何种环境中，组织都需要满足基本的生存条件。我们在考察组织的生存时，需要结合环境和组织本身作出综合考量。

三、智能组织的红利

华为有句非常有名的话："让听得见炮声的人来决策。"

这是华为创始人任正非在一次演讲中提出来的。

起因是任正非去利比亚考察，北非地区部的领导层汇报业务开展情况。他们由客户经理、技术解决专家和终端交付专家组成业务小组，形成面向客户的"铁三角"作战单元。这样通过更好地理解客户需求，获得了客户的信任，从而保证了业务增长。

华为实行这种模式的核心在于，为了战略目标，将固有的组织壁垒打破，为了客户项目重新进行组合，形成动态的团队协作机制。

这种模式的提出和实践，给了任正非很大的启发。通过思考，任正非将战略从"以技术为中心"转向了"以客户为中心"，立即修正了盲目压减管理层级、缩短工作流程的做法，开始更多地沉到终端，根据终端需求匹配管理平台。

实际上，对于快速变革的用户需求，组织并不是越大越好，抛开成本的问题，商业组织本身的运行效率是需要重点考虑的问题。从这个思考点出发，华为开始更加关注通过消费驱动来牵引商业模式变革。当组织实现动态化、智能化加持时，红利使组织的目标客户更加聚焦。

2011年，小米公司推出小米1手机，瞄准互联网模式的手机营销。然而，当手机市场的份额基本已经固化时，2013年小米公司瞄准商业生态系统的构建，当年获得风投后跃然成为中国第四大互联网公司。2014年10月，小米公司成为全球第三大智能手机制造商。2015年，小米公司登顶中国手机市场份额第一。

我们观察到，通过运行智能组织，第二个红利是快速把握风口，在风口上起飞。当然，当智能组织出现固化时，智能组织的红利变现就会出现滞后甚至消退。

Contents

目 录

第一章

智能组织的商业背景

第一章

智能组织的

商业背景

2017 年 12 月 10 日，上海洋山港汽笛轰鸣，当时全世界最大的单体自动化智能码头开始运作。

凌晨两点，洋山港灯火通明，它仍在工作。神奇的是，这座码头的作业场所空无一人，只有一台台无人小车，悄无声息地将加勒比海的烟草、智利的红酒、中国的工程器械等全世界的畅销货物，准确地安放在指定的位置，进行着出港和入港的操作。

这座码头实现了装卸和运输全过程的"智能化""无人化"操作，使用的设备调度管理系统，是一种高度进化的神经网络系统，能够提供"全生命周期"的货物调度操纵功能。技术操作人员在整个码头的操作间，对码头的各项操作进行智能化管理和控制。

随着洋山港的建成和运营，我国缺乏大容量深水港的重大缺口得到填补，同时也为上海港口的发展带来了持续的利好。

那么，洋山港发展背后隐藏的商业内涵是什么？

可能的答案是，洋山港本身的行为是典型的智能商业。

那么，什么是智能商业呢？

智能商业就是依托智能化设备，实现对用户需求的自动化、精准化服务的商业模式。上海洋山港的发展模式，展示的就是商业领域的智能化、自动化、复杂化应用，深层次体现的是对数据技术的应用以及对商业要素的集成式开发。

未来时代，智能商业将是商业的主流战场，也是本书所要讨论的智能组织所处的主要背景和环境。本章我们将揭开智能商业的面纱，让读者直观地感受智能组织所要面临的生存环境和发展条件。

第一节　数据信息与商业迭代

2014 年 4 月的一天，百度高级副总裁王劲在百度第四届"技术开放日"上，郑重宣布推出"大数据引擎"。所谓"大数据引擎"指的是，通过云计算、数据工厂和人工智能，向社会开放大数据服务应用。

在此之后，百度通过挖掘和管理数据，实现深度学习和数据建模，走上了发展数据智能的道路，使得用户数据具有了若干的"智能"应用成果。目前，百度数智平台已经成为具备全球领先的数字智能产品和服务能力的平台。根据官方网站的介绍，百度数智平台所覆盖的业务范围包括大规模机器学习、深度学习、数据分析及展现、数据应用等产品与服务。

毫无疑问，数据已经成为数字时代任何企业都必须争夺的资源。

我们再往前回顾。自电子信息技术发明以来，人类使用二进制模拟数字来表征信息的模式持续爆发式发展，商业开始从传统的实物向互联网虚拟形态迭代。

随着晶体管、二极管组成的集成电路不断发展，电子计算机、手机等智能终端进入和占领了人们的生活，企业的生存空间终于从纯粹的物理空间进入了网络逻辑空间。

时间来到2013年，彼时全球经济形势低迷，发达国家经济持续疲软，欧洲债务危机愈演愈烈。根据公开数据显示，2013年美国的经济增长率为2.2%，德国为0.4%。在出口的潜力空间被大幅压缩后，发展中国家努力开拓国内市场，以拓展新的经济增长极，弥补由于出口下滑带来的经济下行压力。

对于中国而言，经过改革开放30多年的发展，经济发展的成果比较突出，成绩也引人瞩目。然而，此前中国发展所依赖的人口红利优势已不明显，很多低附加值的产业如果不进行转型升级，就基本注定了利润下滑的结局。

而此时，中国电子商务、智能终端、云计算应用市场正处于蓬勃发展的状态中。根据数据统计，2013年中国电子商务市场的整体交易规模为 10.2 万亿元，同比增长 29.9%。同期，阿里巴巴的商品成交总额超过亚马逊和 eBay（易贝）的成交总额之和；中国云计算应用市场加快了从高速增长向高质增长转变的步伐。

在这些数据的背后是中国移动互联时代强大的终端用户数量。2013 年，中国网民的规模达到 6.18 亿，互联网普及率 45.8%，移动端网民数量快速增长，各类型应用发展日新月异。以微信为例，发布仅仅两年，用户规模就达到 4 亿。

在出口陷入停滞甚至逆增长、人口红利优势减弱、商业急需转型升级的背景下，立足于庞大的互联网用户数量和新技术革命，企业将大数据应用作为一种趋势是明智之选。

2013 年，中国的大数据商业应用以贵阳这个城市为支点，开始厚积薄发。

不仅电信运营商、互联网企业争相建立数据研究中心，开始拓展大数据分析和应用业务，一些传统的制造企业也开始进行相应的数字化升级。2016 年，对于传统风味食品"老干妈"品牌而言值得纪念，因为当年这家企业投入近 700 万元在贵州建立了大数据运营中心。这个中心可以对"老干妈"公司的原材料采购、产品生产、产品营销、质量监管等环节进行精准分析和管理，从而提升"老干妈"公司的运营效率。在此基础上，"老干妈"公司的年产值从 2015 年的 40 亿元增长到 2017 年的 50 亿元。如今，"老干妈"已经成为行销世界很多国家的产品，其香辣且回味悠长的特点被全球 70 多个国家和地区的人们追捧。

随着电子信息技术的发展和智能设备的不断升级，相对应的商业形态也会发生深刻变化。当柯达凭借强大的图像处理技术在胶片市场独占鳌头时，根本没有想到短短几十年时间，数码摄影技术已经全面覆盖了社会生活，而当年那些以冲印胶片为主业的照相馆早已转型进行数码摄影服务。

阿里巴巴前副总裁涂子沛认为，数据的力量正在重新塑造整个社会。对于数据与商业的关系，涂子沛指出："互联网已经成为一种沉淀数据的基础设施，它像大陆架一样，无数的数据和记录如土壤一般依附在它之上，这些记录催生了智能商业，但互联网的影响又绝对不止于商业。"

未来的商业要素，首先要考虑数据信息。而要想在数据"战争"中抢得先机、一路领先，需要提高数据智能化、自动化水平。

当传统的出租车司机还在为如何增加客源发愁时，滴滴公司已经在利用数据智能技术为司机和乘客搭建平台，通过不断优化智能算法的推送机制，持续提高数据的匹配准确度，成果就是司机的空载率得以下降，而乘客的等待时长明显缩短。

当四川猕猴桃成熟时，以前令当地农户发愁的销售问题，被拼多多运用数据协同解决了。当平台上不同的用户具有同样的产品和服务需求时，拼多多采取捆绑互助的模式完美解决了成本控制的问题，给客户带来了更加便捷的消费体验。

从当前商业发展迭代的路径来看，数据正成为 21 世纪最为关键的商业要素。以阿里巴巴公司为例，我们来看看数据信息与商业产生良好的迭代效应的情况。

阿里巴巴建立的大数据产品和服务体系共有四个层次：第一层是大数据基础服务，主要是解决数据的存储、通信和标准化，为后续数据分析和应用打下基础；第二层是数据分析及展现，主要是通过数据来预测业务问题，实现现有数据可视化，帮助企业快速获得有效的业务计划；第三层是数据应用，主要是将用户需求、数据信息和智能算法连接起来；第四层是人工智能，主要是通过机器学习、智能交互和智能识别等技术提高商业应用效率。

下面我们通过具体的案例，来说明阿里巴巴云平台的应用。

海尔是国内家电行业的著名企业，其一路走来通过不断的创新和改革，成功在传统家电行业竞争格局中占据了有利位置。特别是近年来，海尔积极进入智能家居行业，努力在人工智能的赛道上走在前列。

从当前的经济现状来看，互联网的发展对实体制造业的改变已经越来越深入，互联网已经渗透到制造业的整个产业链条和全部产品生命周期，"互联网 + 制造业"的发展呈现如火如荼的趋势。对于家电这样的传统商业领域而言，如何在互联网思维变现中从受冲击者变为受益者和引领者，是传统家电企业亟待解决的问题。

小能智能是一家具备智能场景化服务能力的企业，特别是进驻阿里巴巴云计算平台以后，借助人工智能场景服务升级，提升了场景化服务能力，成功打造了小能智能云客服平台，能够给用户提供更加智能化、自动化的服务。小能智能云客服平台推出后，海尔集团积极落地入驻，把最先进的智能应用场景与客服系统相结合，助力海尔"全场景用户体验提升计划"的顺利进行，成功将云客服应用于企业内部管理系统，有效解决了员工效率、服务质量和交互体验等难点和痛点，给海尔注入了新的发展动力。

小能智能根据海尔的生态服务布局，打造了一整套贯穿产品全生命周期的智能化、生态化的智慧服务平台。海尔集团 Web（本意是蜘蛛网和网的意思，在网页设计中指网页）、WAP（为无线应用协议，是一项全球性的网络通信协议）、App（指智能手机的第三方应用程序）、微信等 30 多个平台媒体渠道、30000 多个商户店铺自由接入，打通了各平台和渠道之间的壁垒，使海尔集团客服能够随时随地实现在线服务，能够从繁杂的工作中及时获取信息，快速处理每一件事情。另外，智能客服的应用，解决了大约 70% 的常见问题，有效释放了客服资源，通过自动智能分析，提供相对准确的解决方案，从而极大减少了人工客服的工作量。

更为重要的是，小能智能云客服还可以通过大数据进行用户画像，借助访客管理、运营管理、绩效管理等诸多功能提供多方面的数据分析，有效分析挖掘用户需求，结合海尔的产品体系为用户提供个性化服务，在构建智能服务体系的同时，大大提高工作服务效率。

总的来说，对数据信息的科学分析和高效应用，促进了商业的高速发展和变迁。在此过程中，数据信息方面以大数据、云计算等技术突破型应用为牵引，不断爆发出新的更具价值的商业腾飞。随着数据信息应用的不断提升，商业产品和服务也在持续迭代，带来了商业时代的稳步向前。

第二节　互动协同引发商业洪流

　　相对于传统商场而言，阿里巴巴网站能够做的事情显然更多，因为阿里巴巴给大量的企业端客户搭了一座桥，使这些客户能够便利地做生意。不管企业位置在哪、主营业务是什么，只要提供的产品物美价廉、服务优良，买卖就能够成交。阿里巴巴是在做一个综合协同平台，使无数企业通过上下游产业的连接而受益。原材料采购、生产代工、营销、售后、研发等相应环节和节点的企业都能够从中得到迫切需要的资源，同时也给别的企业带来适用的服务。

阿里巴巴影响的是大部分企业的上下游业务，所以能够覆盖的领域和产生的影响是巨大的。而淘宝和天猫所能做的事情是在企业和消费者之间搭建很多桥，使得企业与消费者、消费者与消费者之间产生大量的互动，同时在产业链条上实现协同，共同推进产业实现迭代式发展。

以一家纺织企业为例，如果在传统的销售时代，依靠自身实力建立实体渠道可能很慢，甚至需要十多年的时间。然而，凭借淘宝和天猫等电商平台强大的流量加持，不过几年时间，就有可能发展成为具有可观销量的著名服装品牌。

为什么互联网时代互动协作成为一个企业发展的重要助力？

因为此前的商品贸易基本是单向的，就是生产者发货到渠道商，渠道商推销到市场，市场再将产品卖到消费者手里。商品贸易之所以基本是单向的，主要是其背后的技术条件是单向传播的，比如对于报纸这一媒介而言，信息只能由作者和编辑向读者传递。

然而，电子信息技术持续发展以来，特别是互联网得到极大程度的普及以来，电脑和手机端应用不断发展，社交应用在最近 20 年内取得了长足发展。以 QQ 为例，在相同的交流群内，信息完全是共享的，群友之间能够进行充分的互动交流，从而带来很多的商机。特别是微博和微信普及以后，互联网的应用范围从多点到多点，实现了各个维度的互联互通和实时交互，让人们的生活充满了互动交流，这是十分重要的技术应用路径。

淘宝给很多企业和消费者带来了互动协同的条件，但是淘宝本身又是怎样通过协同从一家零售商变为一个零售商业协同平台的呢？曾鸣在《智能商业》一书中给出了详尽的解密，下面我们对其描述进行一定的总结提炼，以此让大家理解互动协作与商业之间的关系。

淘宝构建协同网络的第一个层面是赋能。实际上就是通过降低门槛，打破藩篱，让以前不能互通的资源要素连接起来，让以前不能存续的关系连续起来，让以前低效的管理变为高效的自发组织，从而带来系统平台上每个个体的多向活力，推动平台巨大的连接、交互和催化作用，不断孵化和生产出具有潜力的商业服务和产品。

淘宝刚开始的时候，就是一些家庭主妇、大学生和待业人员从批发市场批点商品到网上来卖，做的是小买卖，赚的也是零零散散的小钱。很多实体行业的人根本瞧不上这样的商业模式，这种经营活动在当时被很多人认为是"不务正业"。而这些人通过辛勤的努力，不仅撑了下来，还赚到了第一桶金，很多在淘宝发展初期入局的人后来都挣了不少钱。

由于入驻淘宝时没有房屋租金、没有比较高昂的运营推广费用，所以越来越多的商家在淘宝平台上聚集起来，造就了淘宝网络的初步繁荣。在此基础上，淘宝得以吸引到越来越多、越来越大的商家入局，成就了淘宝的持续繁荣。随着淘宝平台用户的不断扩张，淘宝庞大的生态系统也随之建立起来。

淘宝构建协同网络的第二个层面是深层协同。淘宝主要的工作是搭建平台，让平台上的用户互相连接起来建立一定的关系，而淘宝平台自身并不负责帮助用户建立关系。比如在淘宝上卖衣服，很多衣服需要模特试穿后进行拍摄，于是很多人变成了淘宝商家的模特，甚至很多模特就是商家自己抑或他们的亲戚朋友。再比如随着订单包裹数量的爆发式增长，快速物流的需求越来越多，于是很多家物流企业产生了，帮助淘宝商家将无数的包裹发往全国各地的消费者手中，同时也实现了自身的发展。

随着协同体系的逐步建立，淘宝协同网络实现了从生产企业到商家及其周边服务提供商和消费者的全覆盖，构建了一个紧密联系、高效交互的连接系统。在淘宝生态系统中，用户体验来自不同的渠道，有来自卖家的宣传推广，也有来自大量其他买家的个人评价。当然，也有一部分人会到实体商店进行体验，在线上线下货比三家，但整体上商品交易在淘宝生态内实现了高频度的体验协作。

在协作的环境中，淘宝业务生态得到持续扩张。比如在提供担保金的基础上，支付宝的业务扩展到金融服务，目前已经进入储蓄、理财、保险、公益等诸多行业，且在这些行业不断发展的同时，又迭代出更多的新事物、新应用、新服务，带来了支付宝应用的指数级扩张。

实际上，在一家淘宝店铺的运营过程中，往往需要与几十甚至上百家服务提供商建立联系。因为拍照、摄像、调研、客服、销售、售后、财务等各个环节，都需要若干的人力和适度的资源的支撑，这样店铺才具备完备的运营条件。

目前来看，互联网时代的基本特征就是信息互动，人类对数据应用的整体趋势是向开放和共享的方向前行。在这个判断的基础上，我们可以预见未来商业发展的浪潮依然会出现在生产商、服务商和消费者之间的互动迭代上，也会在各项资源、各个对象的协作中不断推进，呈现螺旋式、递进式的增长。

当然，企业与消费者一旦建立良好的互动协作关系，所能产生的对企业和消费者的益处也是巨大的。大量有用的数据信息、种类繁多的服务和产品、广阔的市场空间、巨大的合作潜力，都将以开放和共享的姿态向企业公平地展开。无数的互动和协作平台在良好的开放共享环境中得以产生、发展和维系，为各种商业要素带来共同的受益。

微信公众号也是一种互动协作的服务。公众号为大众提供一定的内容或者商品服务，吸引越来越多的受众，这些受众进行网络直接消费或者进行线下消费。微信公众号通过粉丝流量来获得广告、内容和商品交易等方面的收益，而受众由于获得良好的互动体验，甚至获得一定的实体商品和服务，就自发地保持与微信公众号的联系。

对于微信公众号的运营者而言，需要的不仅是运营人员，内容作者、编辑和线下活动组织者、商品和服务资源、营销渠道等多个方面都需要合理配置，并且要保持高度的匹配度和合作精神，这样才能给用户端带来相对稳定的体验，从而持续增强用户的黏性。

未来，互动协同将是智能商业时代商业浪潮起步的重要推力。互动协同经济模式也将不断发展，从相对简单和低级的互动协同转变为相对复杂和高级的互动协同，不断提高互动协同的效益，帮助人们更好地学习、工作和生活。

未来的商业环境中，企业和消费者都会非常友好，用户的体验将出现迭代，不同的商业模式、产品和服务将因为融通互联而产生更为奇妙的化学反应，进而带来更多不可思议的商业机会和商业变现途径，甚至重新塑造商业的形态，给商业一种新的定义。

通过深入和持续的互动协作，用户的需求不断被激活和满足，用户体验不断升级和发展，用户对商品和服务的功能、形式和标准将出现多维、多向的变迁，从而推动商业浪潮向前涌去，带来新一波的商业发展。

第三节　智能＋新服务模式

数字经济时代，企业拼到最后往往都落在一个关键点上，那就是服务。

不论是能够满足消费者的刚性需求，比如汽油、银行等业务，还是能够满足消费者的弹性需求，比如娱乐、文化等业务，企业要生存和发展必须把对消费者的服务放在关键位置上。

换句话说，如果企业提供的服务好，能够给消费者带来良好的使用体验，那么这家企业的产品和服务就会取得良好的市场业绩；反之，如果消费者体验不好，那么相应的产品和服务就会被市场所摒弃，甚至直接被淘汰。当然，要理解服务对于未来企业发展的意义，我们需要从消费者、消费模式、技术发展等多重视角的变化趋势来进行把握。

很多人对《最强大脑》电视节目中的记忆大师余彬晶记忆犹新。实际上，余彬晶还曾经与合作伙伴联合创立了一家企业，2018 年该企业跻身互联网企业 100 强的行列，其主要的业务是为企业提供手机短信验证码。

最初，余彬晶通过研究数据发现，虽然短信受到各类通信类 App 的冲击，生活中用户的使用量在下降，但商家利用短信进行推销，实现触达目标用户的情形却在日益增多。公司所拥有的技术力量和企业短信营销的市场需求正好契合，给余彬晶和合伙人进入短信验证码服务领域带来了机会。

通过整合运营商的通信资源，公司将通信能力打包成 API（是操作系统留给应用程序的一个调用接口），为企业和用户提供国内短信验证码、国际短信、短信通知、短信平台私有化等高性价比的通信服务和不同场景下的行业通信解决方案。这种服务实现了通信网与互联网、通信服务与企业协同的最佳融合，降低了企业的商业营销成本，提高了企业与用户的沟通效率。

进入市场初期，公司的主要客户是通信巨头们忽略的中小规模企业。为了服务好这些客户，公司找准市场定位，搭建了服务中小规模企业的团队，开发了相应的产品服务，凭借专注而灵活的服务，赢得了中小规模云通信的市场。

然而，随着客户量不断增加，公司面临的问题就是运营成本越来越高。这里的悖论就是，如果要服务大量的用户，那么公司的服务团队就要不断扩大，但是这样一来企业的运营成本不可控制地就会持续增长。另外，腾讯、阿里等互联网巨头也可能进入这个细分领域参与竞争，因此公司面临着很大的发展难题。

　　解决上述问题的方法，是对其产品不断进行迭代更新以满足客户更高的需求。经过一段时间的技术研发和客户测试，公司具有了服务大型企业的能力，推出了短信平台私有化等服务，实现了服务产品升级，带来了企业的持续发展。

　　与其他通信类服务企业不同，余彬晶等人的公司从2014年底就将自己的核心业务收窄到了短信领域。这样做的理由是，当前短信依然是云通信行业的主要收入来源。由于语音和视频的即时通信并非消费者的刚性需求，因此短期内根本无法给企业带来营收的显著增长，而所需投入的人力物力成本却呈指数级增长，给主营的短信业务带来了一定制约。

　　从中小规模企业这样的用户视角来看，大的通信业务提供商并没有为其服务的动力，它们的资源更愿意向大型企业靠拢和聚焦。余彬晶等人的公司解决了这些用户的痛点，瞄准目标用户的需求发力，从而带来了企业自身的快速发展。从这个案例可以得出这样一个结论，把消费者放在心上，发现并解决消费者的需求，不断提供新的服务，才能得到消费市场的认同，从而带来自身的发展腾飞。

当然，消费者的需求也会倒逼服务升级和技术升级。对于消费者倒逼技术升级，我们拿家电企业海尔来说明。海尔通过为客户提供个性化家电定制，在满足客户个性化需求的同时，也实现了技术的升级。特别是在满足客户对细节的追求过程中，海尔公司获得了更多消费者的细节需求，实现了服务体系的升级。

客观地说，很多时候，技术发展能够改进服务内容和产品形态，从而在一定程度上促进服务升级。这种由技术发展推进服务升级的情形在技术发展密集期非常普遍。以云计算为例，随着从实验室逐步走向市场，云计算已经从虚拟的网络服务发展为逐步普及的 IT 基础设施服务，市场氛围已经趋向独立、成型和多头竞争。特别是国内外头部企业，比如亚马逊、阿里巴巴等在云计算上投入很多，促进了云计算服务的快速发展。另外，腾讯 2017 年第四季度财报显示，腾讯云的属性已经开始从技术向企业服务转变。

随着企业对云计算服务的需求不断加大，云计算的技术架构、数据系统和服务模式将深入演进，各种云计算应用也会加速迭代。云计算将不仅作为一个平台，同时将承载更多延展性功能。基于云计算的服务将更加稳定和灵活，日后企业发展将更加关注以云计算为基础进行终端应用的产品和服务。

当然，随着云计算技术不断发展，云计算服务的成本也将随之下降，但因此带来的问题是进入云计算领域的企业将面临巨大的竞争压力。企业要取得更好的发展，无疑要在产品创新和服务模式变革上积极发力。

而人工智能的应用落地，主要采取的方式是"智能＋新服务"的模式。随着人工智能技术的发展，消费者的很多未知需求被激发出来，而人工智能技术通过技术更新可以研发和生产出某种产品或服务，从而满足消费者类似的需求。

对于企业升级服务模式，我们以微信小程序为例进行说明。自2017年1月份发布以来，微信小程序势如破竹，马上掀起了全民应用热潮。根据公开报道，2019年1月微信公开课Pro（英文单词professional的缩写，意为"专业的"）版上发布了微信小程序成绩单：各个应用小程序覆盖超过200个细分行业，服务用户超过1000亿人次，年交易量增长超过600%，创造了超过5000亿的商业价值。

实际上，在各类软件、App充斥用户终端的前提下，如何创新服务的形态，给用户带来更多的便利性和灵活性，是腾讯开发小程序最初的考虑。为此，小程序成为一款不必下载、不必安装的应用，能够实现即去即用、用后即退的效果。对于公众号和一些企业而言，如果能够在保证成本优势的前提下提供微服务，拓展营销和盈利空间，那么小程序是非常好的选择。

虽然微信小程序背后的技术门槛很高，但是由于腾讯团队具有很强的开发环境和生态力量，特别是腾讯云为微信小程序提供了支撑，使得小程序在云端服务器上共享解决方案。从腾讯云官方的宣传页面上，我们可以看到创建小程序的推广。那些创建小程序的功能强大的模板仅需1元，那些模板基本可以支撑起一般小程序的框架，对于一般的技术创业者来说，开发小程序的难度并不太高。

在第五届世界互联网大会上，马化腾发布了微信小程序的一些相关数据。由于微信小程序良好的开放性，吸引了很多普通程序员的关注和支持。已经有150万的应用开发者加入到了小程序的开发中，推动小程序不断前行发展。

小程序这种轻应用，带来的轻服务，往往更为精准，具有更强的用户黏性。小程序的另一个优势是应用连接性强，能够通过微信账号登录，也可以通过搜索、扫码、分享、公众号等方式便捷地进入。小程序在享有微信用户流量的同时，加上适当的广告机制，服务传播性也较好。在微信强大的生态系统支持下，微信小程序受到用户广泛关注。更有甚者，小程序已经接入了很多城市的公共服务，比如北京市政交通一卡通小程序，可以实现北京区域内公交、地铁出行的支付功能，避免了以前持卡乘车的麻烦。

在此基础上，以新的服务模式和服务产品为主要形式，消费者的需求将不断被激发。问题在于，企业要解决消费者的痛点和难点，需要做的究竟有多少？还有哪些机会隐藏在消费市场中，趋势在哪里？我们还能够做什么？

第四节　直达用户

　　对于很多手机用户来说，最为头疼的问题大概是隔一段时间就会遇到存储空间不足的窘境。小米公司开发了一个基于MIUI系统（小米公司旗下基于安卓系统深度优化、定制、开发的第三方手机操作系统）的服务叫小米直达，在这里用户可以实现即用即走。就是当用户要使用应用时，再也不用将应用下载下来，而是直接借助小米直达服务来调用对应的小程序，在使用结束后立即退出。这种服务与微信小程序的功能类似，在本质上也比较接近，主要的区别在于微信小程序的连接性更强，而小米直达的触达感比较强。

　　小米直达服务最为重要的优势是注重用户体验。为了让这项业务易于传播，并像登录和使用网页一样便捷，小米直达服务与小米商店的各个应用 App 的使用是一致的。客观上，与用户安装的 App 一样，小米直达主要的商业目的依然是推送服务，以此吸引潜在的用户，提高用户活跃度和黏性。当然，对于商家而言，小米直达的优势在于低成本。一般而言，一个小程序的开发成本大约是 App 的三分之一。小米直达这样"快且好的体验"对开发者确实是好的，能够带来一定的价格增长空间，从而实现企业的增长。

　　小米直达服务目前受到的限制在于，用户手机上已经装载相应 App 时，小米直达服务与对应 App 的账号能否互通。如果账号彼此不能互通，或者账号背后的个人应用数据无法迁移，带来较高的迁移代价，那么用户往往不会选择将应用迁移到小米直达服务平台上面。除了饿了么、网易新闻、今日头条、豆瓣评分等相对较少的已经开通小米直达服务的应用，还有大量的 App 没有开通小米直达服务。这些 App 的装载就受到很多限制，因为有的 App 是行业所需，有的 App 受众相对较少。

　　对于小米直达而言，目前需要做的主要工作包括建设小米直达安全中心，保证各个账户和应用数据的安全，同时在推送消息和支付等方面布局，打通越来越广阔的应用场景，带来小米直达服务的全过程、全链条服务体验。

下面我们分别再以华为手机和支付宝为例子，来看一下直达用户的服务能产生的能量有多大。华为手机和支付宝能够取得巨大的成功，与它们将用户始终放在心上有关。由于不断接近用户的需求，用户体验得到了很大提升，很多人感到支付宝改变了自己的生活方式，也有很多人感到自己对华为手机情有独钟。

小米手机以迅雷不及掩耳之势快速崛起后，互联网时代中国手机行业的格局就被深刻改变了，很多企业并没有立马反应过来。但是，华为非常认真地进行了学习，并马上将所学进行改良创新实践。华为和小米一样，没有从传统功能手机向智能手机转型的历史羁绊，所以是轻装上阵。

华为的长处在于潜心技术研发，通过技术上的优势实现弯道超车。

归根结底，用户体验最可能的获得途径依然是技术进步。我们至今难以忘记 iPhone4 对手机行业的改变，以及对我们生活的改变。从目前的用户表现和销售业绩来看，华为通过后来发力，已经在技术上站稳了脚跟，按照目前的趋势未来也依然可期。

相对于华为手机的蓄意而为，支付宝的发展实际上是个巧合。马云自己的说法就是做了银行没有做的事情。这样的定位或许有失偏颇，但是从对生活改变的角度来看，说支付宝是一种生活方式也不为过。

支付宝最先是淘宝网交易的一个担保平台，主要的作用是收入用户支付给卖家的钱，当用户确认收货后将钱交付给商家。虽然仅仅比现实交易多了一个担保的步骤，但产生的作用却非常巨大。用户可以不用完全受制于网络另一端的卖家，从而对产品的质量保证有了一层制约。

更为重要的是，在功能的不断发展中，支付宝俨然成为一种重要的生活工具。虽然支付宝没有微信那样应用广泛，内容和交互上的差距也不可同日而语，但它在金融工具上的作用比微信支付要丰富一些。

企业要发展产品和服务，必须以用户为导向。这时，进行必要和有效的用户画像是一种合理的途径。那么什么是用户画像？如何进行用户画像？根据用户画像我们需要做什么？对此我们通过腾讯公司的系列工作来进行把握和理解。

腾讯内部有一套开发产品和工作的流程，大致上是从商业分析到产品和供应商交互，再从市场和用户运营回到商业分析的一个迭代过程。这套流程的科学性显而易见，但由于市场和用户的复杂性，很多时候这个流程并不一定有效。

对于用户而言，他们更为关注的是企业投放到市场上的产品和服务。虽然他们对于需要什么样的产品有一个大概的认识，但对于产品设计的深层次内容并不清楚，对于实现产品和服务的技术过程更缺乏兴趣。

在此情况下，进行用户画像，实际上就是把握市场相关的问题，比如哪些是潜在的用户，哪些是可行的推广渠道，需要推广的内容是什么。这些东西正是用户画像能够解决的。

企业进行用户画像，应该有若干具体的应用目标。比如根据用户品牌喜好，寻求品牌周边的合作，赢得品牌黏度高的用户的青睐，从而提高自身企业的美誉度；比如根据用户生活和消费习惯，在线下活动中设计相应的环节，使得线下活动的投放和实施更为精准；比如根据用户经济状况，开发适应性强的产品体系，进而建立差异性的产品格局，为满足用户个性化体验打下基础。

在具体操作过程中，我们需要综合用户调查结果、企业内部后台数据和技术产品人员的判断，进行相应的产品和服务的研发和生产。这就是说，用户画像主要的作用是为企业提供信息参考，并不能起完全决定的作用。

毫无疑问，直达用户的努力还需继续进行。用户需求的满足也会水涨船高，但我们坚信，只要将产品和服务瞄准用户潜在的需求，积极满足用户当前的需求，用户的忠诚也将成为可能。

对于未来用户直达的目标，企业需要在跨平台、跨行业和融合共享上下功夫。对于为什么需要打造跨平台的用户直达格局，我们可以从微信的发展中有所感悟。微信的生态圈非常广大，不仅以最为底层和基础的交流通信为支撑，同时其在内容生态上也非常强势，服务号、订阅号、朋友圈等载体所带来的市场价值仍然有很多发掘空间。此外，微信与第三方应用的对接是连续的、开放的、便捷的，在此基础上微信成为手机应用的最大平台。

第二章

智能组织的概念
和主要特点

20 世纪 80 年代末，中国的经济增长处于大爆发前夕。

20 世纪 90 年代末，各种市场交易开始丰富起来，越来越多的人投入到创业中，生意的观念逐渐深入人心，并不断带动人们日常生活物质条件的持续改善。

21 世纪的第一个十年，中国的互联网企业已经飞上了天，很多企业的产品和服务改变了人们的生活方式。社会大众的生存收益出现很大转变，越来越多的人依靠互联网的发展红利而实现巨大的收益增长。

此时的社会经济组织已经趋向于科学管理。很多企业进行了管理变革，实现了由组织创新带动企业发展的转变。

如今，随着互联网技术的不断发展，人们之间的互动交流更加频繁和复杂，科学技术有了巨大的进步，商业发展日新月异。只有不断地进行正确的创新，企业才能更好地生存和发展，此时的社会组织更加注重的是组织力。此前围绕管理、激励等功能建设组织的方式变得滞后，激发和运用企业组织力的重要性凸显出来。很多经济学家和企业家认为，下一步商业组织发展面临的将是组织力的革命。

智能组织是组织力革命的时代产物。那么，什么是智能组织？智能组织主要特点有哪些？

　　本章我们将讨论智能组织的概念，并从组织力这一要素出发讨论智能组织的主要特点。

第一节　组织力革命

从小就痴迷科幻的覃政，虽然没有想到自己日后会从事虚拟现实领域的工作，但前期的知识和经验储备已经为他开展相关工作做好了准备。

覃政本科、硕士、博士都在航天器设计这一专业领域。按照覃政的想法，宇宙航行是科幻作品中最为常见也最为吸引人的题材之一。要实现宇宙航行需要航空航天器的支持，而航天器设计正好契合了覃政的喜好。

然而，现实的航天器设计专业不但不那么"科幻"，而且有点儿严肃和死板。所有的理论和实践数据都需要非常严谨地对待，一点点数值或者一步很小的程序都马虎不得。

后来覃政将视野聚焦在了虚拟现实技术上。虚拟现实技术不但是科幻作品中的常见题材，而且由于一些应用变得非常有人气，比如《黑客帝国》中的很多虚拟现实场景，带给很多人颇具吸引力的科幻想象。

在这样的前提下，覃政带领昔日的科幻迷同学们，组建了一支非常专业和有凝聚力的创业团队。这支团队中的人，由于同窗多年彼此了解，能够默契地完成创立和运作企业的各项工作。而这些脑中充满科幻元素的人们，工作更富激情，在产品研发上也有更多好的创意和点子。

2013 年 6 月，这个团队从覃政此前研发的全息眼镜显示器起步，着手开发一种全新的虚拟现实设备"ANTVR KIT"（一款虚拟现实眼镜）。不同于此前市面上使用键盘和鼠标控制人物行动的虚拟现实设备，覃政和团队成员根据自己玩游戏和使用虚拟现实设备的经验，为 ANTVR KIT 设计了可拆装的控制枪，用以同虚拟现实头盔相配。这种设计顺应了游戏玩家的习惯，使得玩家在虚拟现实场景中能够更加沉浸，而不会出现场景体验与键盘操作相互矛盾的现实拉扯感。

随着 ANTVR KIT 原型机取得突破，覃政和他的团队一边不断进行产品优化，一边进行众筹前的各项准备工作。

2014 年 3 月，一家科技公司成立了。虽然中国企业在初创阶段很难在海外的众筹平台融资，但覃政对自己公司的产品技术非常自信，他选择在世界闻名的 Kickstarter（一个专为具有创意方案的企业筹资的众筹网站平台）上启动众筹。40 天后，众筹成功，获得了 26 万多美元的资金，创中国企业众筹金额新高。

ANTVR KIT 拥有的诸多先进之处让人耳目一新，它的优点主要是操作比较自然，同时硬件器件比如头盔、显示屏都经过精确设计，避免了图像显示的问题和像素资源的浪费。更重要的是，覃政为 ANTVR KIT 选择了一条重视兼容性的发展道路。市面上其他一些虚拟现实设备，往往会放弃对电影和很多游戏的支持。但 ANTVR KIT 与市面上多数虚拟现实设备的做法不同，它具有广泛的兼容性，包括市面上的 3D 和 2D 游戏以及日后推出的原创游戏，还能够观看 3D 和 2D 电影，给用户带来了非常具有吸引力的虚拟现实体验。

2014 年 8 月，该公司获得了红杉资本千万美元的 A 轮融资。同年 12 月，发布头盔、虚拟现实手机头盔、VR 相机三款虚拟现实产品，以及超薄 VR 头盔、AR 眼镜、HR 眼镜、光学隐身四款概念产品。

该公司发展至今，能成为风靡用户群体的虚拟现实代表性企业，实际上主要的路径就是通过技术创新来实现组织快速发展。

组织力的迸发是个渐进过程。近年来，中国很多地方都诞生了一些颇具创业氛围的社区，比如北京的中关村、苏州的昆山工业园等。这些社区内聚集着众多具有良好创意的人，他们有旺盛的创造力，能够不断迭代产生良好的产品和服务。这些产品和服务要通过商业组织来进行运营，那么商业组织的运行效益就非常关键。

以 2015 年深圳制汇节为例，开幕当天就吸引了几万人参加，很多比较有新意和价值的创意项目露面。在此以其中的两个案例来说明。

第一个案例是流线型节能车。这是湖南大学的一个社团与本田合作设计制作的，这辆节能车的节能性非常卓越。湖南大学的这个社团在参加本田节能汽车比赛时制作了这辆节能车，获得了全国第二名的成绩，即 6.8 毫升燃油行驶 10.5 公里。这个成绩换算一下，大致相当于一升汽油行驶 1000 公里。

这个社团的大部分成员都是新加入的，他们之前并不具备很强的理论和实践能力，通过持续的学习，这些社员快速成长为能够独当一面的技术人才。比如有人大一加入社团，大二就负责制作节能车的底盘，他们的创造力非常强。

第二个案例是算盘时钟。这是一位将近 70 岁的创客制作的有趣物品，是利用算盘的形式显示时间。这个创客以前是一位工程师，非常喜欢在业余时间钻研制作一些新奇的东西，这个算盘时钟已经是他的不知道多少个类似的项目了。

上面案例中成功的项目，都是创造者有了点子然后凭借热忱实现的。这就是说，组织力革命是由创造者本身驱动的，他们内心涌动的创意和机智是组织力发展的基石。当然，这些创造性的产品或服务有很大部分将转化为商业应用，带给人们生产、生活的改变和升级，而商业组织也将变得越来越智能高效。

第二节　什么是智能组织

2010 年春季，在雷军位于北京的家中，13 位志同道合的人决定成立一家名叫"小米"的企业。这家企业要在当时大品牌林立的手机市场上"分一杯羹"。当时没有多少人有信心，也没有多少人看好，毕竟那时苹果、三星等企业风头正盛，而手机市场在智能手机爆发前夕，仍处于比较低迷的时候。

2013 年 8 月底，小米公司已经成为中国第四大互联网公司。2014 年 10 月，小米公司超越联想和 LG，成为仅次于三星公司和苹果公司的全球第三大智能手机制造商。虽然小米的主营产品是手机，但是对于创始人雷军而言，企业的视野远远不止于手机，而是整个互联网行业的生态系统。

回顾小米公司发展的历程，令人称奇。当年很多用户没有选择苹果和三星，而是心心念念、彻夜难眠地等待小米官网发布小米手机；很多人发动亲朋好友注册和登录小米官网，以期望在很短的时间抢到一部小米手机。人们之所以要抢小米手机，是因为在众多大牌手机面前，小米手机的性价比最优。小米手机具备较高的功能配置，同时有较为优惠的价格，让很多用户为之疯狂。小米公司凭借自己良好的营销手段和过硬的产品性价比，在苹果、三星等大牌手机的夹击下，杀出来一条适合自己生长的路，成功地引爆了市场需求。

后来有一段时间，小米公司遭遇了瓶颈。它不得不慢下脚步，重新审视自身发展的道路，继续优化产品性能，以高效的迭代模式持续改进手机的性能。同时，小米公司逐步将自己的产品体系向手机周边、智能用品周边和互联网产品周边等方面延伸，这样一来小米公司的生态系统得以建立。

即使是当时参与创立小米公司的人，都难以想象小米公司的发展速度。因为确实是太快了，以前没有任何一家公司的成长如此具有跳跃感，而且跳跃得非常顺畅。

抛开互联网和移动互联时代红利的影响，如果我们从小米公司内部来寻找其快速发展的缘由，可以发现什么？

实际上，我们可以从小米公司内部的一部宣传片《一团火》

管窥一二。

《一团火》最初播放是在小米公司上市后的员工庆功宴上。《一团火》传递了这样一种理念，就是小米公司的员工非常具有创造力和忠诚度。每名小米公司的员工心中，都藏着一股非常浓烈的创新之火，小米公司全体上下一心，奉行"为发烧而生"的服务宗旨。

小米能取得成功，小米的团队一定是核心因素，虽然并不是唯一因素。

小米公司最初的56个员工，自掏腰包总共投资了7200万元人民币，平均每人投资约130万元人民币。不管是从参与人数还是投入资金的额度来说，小米公司的初创团队对于小米公司的未来都表现得信心十足。可以看出，小米公司的初创人员非常有热情，非常有战斗力，因为他们非常敢于投入。

很多员工都是自愿加入小米公司的，他们可能放弃了其他高科技企业提供的高薪酬和高福利，但为了实现自身的价值，他们积极投入了小米的怀抱。一些著名企业的员工纷纷跳槽到了小米公司，因为小米的创意给了很多人无限的想象。

小米公司没有建立严格的打卡制度，也没有推行严格的考核机制，全部依靠员工自觉，基于员工良好的自我驱动和自我管理能力。小米公司非常信任员工，实行扁平化的管理模式，而非效率低下的层级管理机制。

小米公司对员工要求更多的是价值观。比如要求员工具有责任感，工程师必须养成对用户负责的观念，同时要把其他员工负责的事情当成自己需要完成的事。小米公司的工程师之间会互相检查代码。一个人的代码写完了，请另外一位工程师检查，这位工程师再忙，也会第一时间帮忙检查，然后再做自己的事情。

为了解决员工的后顾之忧，小米公司有一个理念，就是要和员工一起尽可能多的分享收益。小米公司刚成立的时候，就推行了全员持股、全员投资的计划。

通过团队非凡的努力，小米成功创造了互联网商业模式的传奇。当然，小米没有止步于此，而是在不断地进步着。通过布局周边生态系统，小米从一家手机及其周边产品制造商，成功扩展为一家互联网服务企业，其业务覆盖的范围也从传统的手机制造发展为覆盖智能制造、智能家居、高科技投资等领域。

组织的使命是最大限度激发员工的创造力。员工的创造力是各类组织中最具潜力的要素，因为人的能力是一切社会组织的根本动力。

然而，很多创意是无法较好变现的，毕竟商业变现需要很多条件。总体来看，创造力变现需要满足以下几个条件：第一是具有技术上实现的基础条件。比如现在人类登月是具备技术基础的，但是如果将时间向前推 100 年，那么没有人能够实现登月的计划。第二是受众较为广泛。互联网时代要变现创意，需要这些创意能够给很多人带来生活的改变。第三是具有创意实现的商业环境。很多时候，创意能否变现在于资金支撑、政策扶持和竞争对手的情况。风险投资能够相对高效地筛选出可行的投资项目，然后在保证一定容错率的前提下进行试错，从而促进商业资源要素的迭代。

具备创造力的人成功机会更多，因为他们自身就能够孕育和创造成功；而那些缺乏创造力的人则需要寻求机遇，从而在可能的路径上获取一定的成功。互联网时代，商业组织的最大功能将由管理、激励转变为促进员工创造力的发展和维系。只有员工的创造力高频合理地发展，企业发展的内动力才会源源不断地生发出来，才可能打造出智能组织。

综上所述，所谓智能组织，即通过智能化的工具、手段、方式来运行和管理的，能够激发创造力、凝聚力和变革力的组织。说白了，智能组织的运行工具、手段和方式都具有智能化特征，是友好交互、紧密联结、高效运转的。

第三节　特点之一：去中心化

　　微信公众号自媒体获得资本追捧卖得高价，有很多案例。这些案例引来微信公众号内容制作者的一片欢呼声。

　　微信公众号强势的商业表现，主要得益于微信这一平台快速和持续的发展。微信这一商业生态系统成功的最大优势在于，深入而广泛的去中心化。

　　借助于微信朋友圈的分享、商户线下的二维码推广和微信广告平台等渠道，微信的用户流量保持着非常高的增长速度，这种流量本身就具有非常巨大的商业价值。这种动辄百万、千万用户数量的内容传播力度，本身又与用户具有很强的关联性，使得微信流量的变现变得非常有吸引力。

由于微信的流量入口是向大众开放的，所以微信的用户运营是基于去中心化的原则进行的。任何一个用户都可能成为微信的巨大流量池，带来微信流量的巨大虹吸效应。一旦一些用户形成自己的用户群体，那么他们就成为微信流量的巨大生产者、引导者和运营者。

对于微信公众号而言，其运营包含自媒体内容和商家购物、第三方应用等内容，涉及的领域是非常广的。在微信平台、自媒体、第三方商家平台和用户形成的微信生态系统内，微信是管理和支撑平台，自媒体为微信平台带来巨大的流量，第三方商家平台为微信和自媒体带来收益，而用户获得内容或者商品服务。这个巨大的流量环路里，自媒体是关键，因为只有自媒体内容优质，才能吸引用户不断聚集，带来流量上的红利，为商家盈利和平台收益打下基础。

毫无疑问，去中心化不仅是个过程，还是个结果。智能组织的主要特点之一，就是智能组织是去中心化的。用户和商家在微信平台去中心化的设计中得到用户和数据沉淀，使得微信平台在流量转化上获得非常高的比例。

通过去中心化设计可以获得用户流量的多线增长。本质上，微信背后是熟人交际，是亲朋好友导向的，是多中心共存的社交平台。通过微信公众号平台上的头部用户可以看出，微信的头部矩阵比如人民日报、十点读书、有书等都是以多维内容的传播为导向的。围绕内容传播，打通公域流量与私域流量的边界，带来用户的迭代增加，这是微信成功的秘诀。

而淘宝是另一种去中心化。淘宝的去中心化是商家的去中心化。不管是大型企业还是个体商家，都可以在淘宝的平台上找到适合自己的角色，进而聚拢大量的用户，实现良好的消费额增长。这与微信用户的去中心化有所不同，因为淘宝是以商家流量来带动用户流量，而微信是以互动流量来带动用户流量；淘宝在本质上是商品导向的，而微信是内容传播导向的。

淘宝成立时，没有人想到互联网将如何改变商业的路径。实际上，即使到如今人们依然难以把握下一步互联网的红利将出现在哪里、持续多长时间。人们注册淘宝时，淘宝已经通过宣传获得了商家入驻，而在用户使用淘宝购物的同时，一部分用户又成为新的商家，这样逐步实现的用户与商家的转化带来了淘宝平台的快速膨胀。正是由于用户足够分散、足够多元化，又切中相同的购物需求，满足了用户电子商务的购物需求，一下子将很多用户从实体商户手中拉了过来。

淘宝的发展是个指数级增长的过程，用户和商家之间的消费变迁非常迅速，这背后的原因是用户消费需求的快速满足和高效率迭代。举例来说，很多人有读书的需求，于是卖书的人通过各种促销方法，既获得了用户流量，又给予用户一定的优惠条件，使得商家和用户实现了双赢。随着用户需求的不断满足，商家服务升级，比如提供关联图书推荐、教育培训资源推荐、学习笔记售卖等。这些升级的服务又给用户带来了体验的升级，使得用户的消费认知出现了变迁。这样，用户与商家不断在需求满足与需求变化上进行迭代，延伸出产品和服务的无限多样性，给用户流量带来了非常强大的虹吸效应，这是任何实体商店都难以比拟的。

淘宝的成功，可以归结为平台直接的商业变现导向。依托强大的商家流量，淘宝平台具有的用户黏度比淘宝上商家的用户黏度要强，因为很多商家并不是刚性需求，用户的可选性非常多。这样带来的问题就是商家、用户都依赖淘宝平台发展，在此前提下，淘宝的盈利变得非常自然。

当然，对于一个互联网平台而言，如何平衡平台、用户和商家之间的关系是个重大的课题。随着互联网时代的不断发展，未来互联网平台应该实现怎样的去中心化，现在看来还没有明确的模板。但仅就去中心化这一趋势而言，俨然是不可逆转的。去中心化是未来互联网商业的典型特征。借助网络的去中心化特性，商业的性状发生了很大的变化，这是商业得以快速爆发的一种工具式、方法式的进步。

第四节　特点之二：组织赋能

作为国内知名的 B2C（Business-to-Customer 的缩写，指"商对客"的电子商务）电商，京东正努力向零售基础设施服务商转型，向广大的合作伙伴提供"零售即服务"的解决方案。京东的这种合作，实质上是一种赋能。京东将自己强大的渠道资源、物流资源、运营资源等内容迁移到合作方的发展过程中，使得合作方在不需要另行一步一个脚印地发展的过程中实现跳跃式发展。而京东在此过程中优化了资源利用效率，获得了相关领域用户流量的加持，实现了滚雪球式的发展。

当然，京东对合作伙伴的赋能是多对象、多层次的。从京东与沃尔玛等商超合作的情形来看，京东所能实现的事情非常高效。京东已经同沃尔玛、永辉超市等连锁企业以及大量的零散商户建立了合作关系，为消费者提供快速优质的生鲜杂货快递服务。

其中，京东到家平台与沃尔玛联合推出的"88购物节"是非常经典的线上线下联动的大型促销活动。从2017年开始，沃尔玛门店联合京东到家启动"88购物节"，每年都通过数字化升级实现降本增效，销售额和盈利额均实现快速增长。

之所以出现上面的结果，主要是京东和沃尔玛实现了线上和线下流量的相互转化，用户、门店和库存等核心资源实现了良好的打通，带来了组织赋能优势和价值的强势展示。以用户为例，京东商城上沃尔玛旗舰店通过线上优惠的活动带动了线下门店的客流。借助于此，沃尔玛将产品的范围覆盖到了此前单纯依靠门店难以覆盖到的城市，从而吸引更多消费者进行购物。从库存互通方面来看，消费者在京东平台下单，由沃尔玛门店打包出库，提高了配送效率，给用户带来了更好的购物体验。实际上，沃尔玛在京东的帮助下，下单、拣货、配送等一系列流程都得到了改进，京东的营业额也出现了提升，双方在销量和品牌上都实现了正向的提升。京东和沃尔玛相互赋能，成本得到了更好的控制，用户、销量和体验也获得了升级，实现了商业利益的增长。

京东之所以能够赋能合作伙伴，是因为其本身在积极赋能。2016年，京东提出了建立"授权、赋能、激活"的管理主题，目的是向广大的京东员工赋能。京东总部不断优化架构设置，增加运营分析与支持的职能，承担更多的整合、拓展任务，促进各事业部实现更加独立的发展。

为了切实转为以赋能为导向的管理体系，京东从四个方面作出了努力，即所谓其推行的机制赋能、组织赋能、实践赋能、专业赋能。机制赋能方面，京东重新打造了内部结算、数据监测、预警与改进等机制，使得事业部之间的沟通和管控更高效；组织赋能方面，以业务领域为例，独立的业务部门设置有自己的HR（一般指人力资源），各部门所需的人才能够更好地被选拔出来，极为高效地搭建和维系部门人才团队；实践赋能方面，对于体量较小的业务实行全面托管，由具体负责的人员独立决策，业务相对成熟、业务量增长以后，公司或事业部接管，进行决策方面的帮扶和带动，实现全链路的闭环管理；专业赋能方面，京东打造专家团队，结合统计工具、信息系统做数据分析，通过会议沟通、项目共享等方式做上下拉通，实现对专业资源的充分利用。

对京东，很多人印象较深的就是其快速的物流。京东的物流系统非常发达，这是京东业务拓展的撒手锏。庞大的物流和巨量的仓储数据，仅仅依靠人工需要很大成本，所以京东积极推进物流智能化升级。京东有超过一半以上的物流单元是通过人工智能进行销售采购的，仓储物资的库存周转时间只有一个多月，而且这个周转时间还在不断缩减中。

实际上，正如"要想富，先修路"这句俗语中传达的观点，只有促进相互交流，贸易才能逐步发展起来。交易是交换、易手，是一种互通有无、互取所需的过程，包含着价值流转、商品流通的内在本质。物流对于商业来说，是其他环节的先决条件，甚至在一些时候是决定因素。如今人们的需求走向碎片化、个性化。在产品的选择非常丰富的情况下，能否在一个平台上获得综合性的服务，这是非常关键的。而这些体验都有赖于物流的支持，消费者的购物体验在趋向实时便捷的实用主义，如果不能抢占物流的先机，在后续发展中肯定要受到一定的限制。

通过物流的发展，京东将很多其他电商平台所不具备的物流数据应用起来，为京东业务拓展提供了很多的启发。通过数据和技术赋能，京东的平台实现了很大的扩展和包容。

还有一项业务，大家可能关注度不是很高，但用户反响不错，这就是京东金融。根据刘强东在公开场合公布的数据，京东金融的坏账率和资损水平低于行业平均值 50% 以上。之所以具有如此耀眼的表现，与京东对高科技技术的密集型应用有关。通过利用深度学习技术，京东金融能够实现无人工审核的授信和放款操作，这为银行降低了成本。通过人工智能和大数据等技术的应用，京东将运营效率进行了大幅提升，对成本的控制却在降低，这种对其他业务的开放性赋能，是自身商业生态系统建立的法宝，也是其他商业成功的重要助推器。

从物流和金融两个方面来看，京东的赋能是复合式立体运行的。我们从中抽取关于赋能的要素，可以得出这样的结论：组织赋能的灵活性、多样化和复合式特质，是京东获得快速发展的重要基础。在互联网时代，各种资源要素的调配更为关键，特别是数据信息作为一种新型的资源，其挖掘和运用对于企业的发展和生存非常关键。组织赋能最大的作用是将自身的数据信息进行共享，获得一家组织对另一家组织的信任，或者通过组织内部成员之间的合作，来达成更为精准和宏大的目标。

综上所述，组织赋能是智能组织的另一个主要特点。在组织赋能的过程中，需要涉及很多的问题。那么，在赋能过程中需要考虑哪些因素呢？

一般来说，组织赋能涉及很多重要因素，包括团队健全、员工能力达标、共享资源、信息网络、自主创新和组织管理等。要实现赋能，组织必须注重建立和维系好高效的团队，使得赋能的工作任务得以顺利完成；团队内被赋能的对象本身具有较高的能力素质，能够独立应对可能的突发问题；团队成员之间彼此信任，能够共享任务目标和数据信息；赋能组织通过互联网、移动电话等通信网络实现实时连接，以保证赋能组织的效率达到最高；赋能组织成员具备工作创新的自主性和积极性，能够推动本职领域内的业务推陈出新，占领创新的制高点；赋能组织的领导者所做的管理工作是寻求满足能力要求的团队成员，对于一些综合性事项进行协调。

　　未来的企业，如果组织赋能可以作为更为可靠的实现路径，那么企业的生存将变得更有保障，企业的发展会走上更好的快车道。当然，组织赋能的过程依然存在风险，比如赋能是否利于管理？是否会导致数据信息的无谓扩散和丢失？这些问题，我们将在第五章中进行相关的讨论。

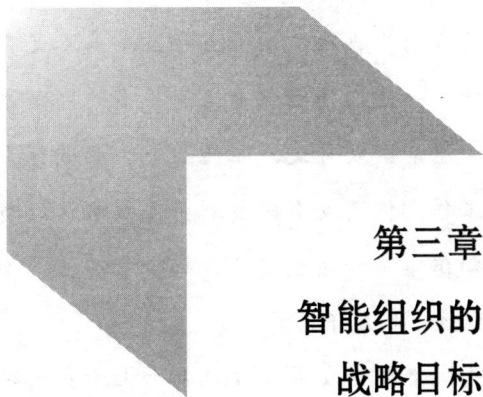

第三章

智能组织的

战略目标

只要谈到企业战略，很多人的脑海中立刻浮现出企业的行动方略，当然也有人理解得更深一些，认为企业战略是企业的发展方向。再往前推一百年，全世界大多数人并不知道战略是什么，他们接触或者运用更多的概念体系叫作企业目标、企业愿景；或者说，即使某个企业进行了若干有关企业战略的工作，但还没有接触到企业战略这门新兴知识。这种年轻的知识体系和实践方法，如今能够达到如此深入、如此普及的程度，实属不易。

企业战略理论发展至今也就六七十年的时间。该理论萌芽于二十世纪五六十年代，相对应的时代背景是第二次世界大战后，经济大爆发，很多企业开始不断扩张，出现了多领域经营的策略。其后，随着技术进步特别是电子信息技术的持续突破，企业发展战略的对象不断变迁，从单一市场群体到整个消费者群体，企业战略随之演变发展。

企业战略理论快速发展的内在逻辑，是企业实践在爆发式扩展。企业实践在最近半个世纪发生了翻天覆地的变化，无论是企业资源要素的流动，还是企业产品和服务的内容、形式，很多都已与之前有天壤之别。随着企业实践的急剧扩展，各式各样的企业管理、运营和发展问题加速迭代，带动企业家、学者对企业发展进行一系列调查、研究、分析和思考，从而促进了企业战略理论的进步。

对于一家企业而言，战略目标事关生存和发展。很多大型的企业在发展过程中也经历过非常危险的时期，如资金链断裂，又如品牌声誉遭到毁灭性损害。当企业发展遇到问题时，说明过往的企业战略是失败的。此时企业要自我拯救，就面临向哪个方向走的关键问题，实际上又回到了战略目标上。

现实情况是，当一家企业面临战略失败时，很多问题已经积重难返了。然而，正是在企业面临生死存亡的关键时刻，一些具有潜力的企业家爆发了"洪荒之力"，提出了颇具创意和可行性的战略路径，帮助企业起死回生，甚至获得了更好的发展。比如马云在企业陷入迷茫时，提出建设商业生态系统的思路，为阿里巴巴后续发展埋下了伏笔。

战略目标在企业的运作过程中，可以说牵一发而动全身，能够对企业运行的方方面面产生深远而持久的影响。当海尔将创新作为自己的战略时，它的一切工作都包含着创新的影子。正如海尔老总张瑞敏说过的那句话："企业一旦站立到创新的浪尖上，维持的办法只有一个，就是要持续创新。"在这样的战略基础上，海尔一步步从自身创新走向搭建创新平台，为小微企业和个体创业者提供共享的创业资源。通过创新平台的落地，海尔不仅提高了自身资源的利用效率，还带动其他创业者产生了更大的经济效益。

互联网时代，智能组织的战略目标就像企业发展所需的空气和水一样。如果战略目标不够科学健康和稳定可行，那么企业的发展将遭遇极强的制约和桎梏。只有积极研究战略设计和实践过程中的规律，更好地确立科学有效的战略目标，才能推动企业良性发展。

那么，智能组织发展的战略目标需求在哪里？战略包含哪些要素？战略将如何演进？本章我们将阐释确立企业战略目标的意义和内涵，并从若干角度对阿里巴巴和腾讯公司的发展战略进行分析，最后从战略革新的角度展望战略未来的形式和方向。

第一节　谁将赢得战略的胜利

在我们的传统印象中，海尔是一家综合家电企业。然而，如今海尔已经发展成为一家"去中心化"的智能型综合创新企业。之所以有如此巨大的转变，主要源于海尔自身组织战略的变革。

走进互联网时代，海尔在发展家电产品的过程中发现一条重要的规律：从企业直接到用户，相较于从企业到渠道商再到用户，节省了产品到渠道商、渠道商到用户以及渠道商内部的耗时。毫无疑问，海尔的战略运行需要进行变革。海尔在企业转型时，敏锐地把握住了互联网时代的创新机遇：海尔的创新没有拘泥于产品这一个环节，而是将视野扩大到了平台化的操作方法上。

海尔搭建了一个"创客"平台，将海尔内部的员工变为平台的服务商，支持外来创业者的项目，甚至海尔员工直接作为创业者，同步利用海尔提供的各种资源，实现多个维度和多个领域的自主创业。海尔孕育和开发的创客项目，由创客和海尔集团共同筹集资源、共同推广，同时也共同受益。海尔集团为这些创业项目背书，将集团的巨大用户流量资源对接到这些创业项目上，帮助这些创业项目落地。

海尔的跨越式发展与它自身的战略调整息息相关，当然海尔内部组织的变革是这种战略落地的基石。为适应平台化创新机制的施行，海尔内部的管理高度扁平化，中间层级越来越少，管理者、平台创业者、服务商都围绕着用户运行。海尔的员工从单纯听从领导管理转变到自觉为用户创造体验，带动海尔集团走出了一条以创新为驱动力的发展路子。

特别的是，创客在创业过程中不仅盘活了海尔的资源，还将很多外部资源带进了海尔，赋予海尔更多的资源聚合力，使海尔形成了庞大的商业生态系统，产生了指数级的商业增长变量。据报道，海尔集团已孵化和孕育了几千家创客公司，创业项目覆盖家电、智能设备、物流、文化等诸多商业领域。同时，海尔创业平台上汇聚了越来越多的风投机构，吸引了各类生态企业入驻，而社会人士也开始越来越多地尝试在海尔平台上创业。

一、企业发展的战略目标需求

任何一家企业要调整自身的发展方向，需要进行战略调研、战略设计及战略落地，这个过程是一个系统工程，其关键在于战略目标的准确延展。就好像一座迷宫的可行出口一样，科学合理的战略目标也是企业发展成功的唯一钥匙。下面我们探讨一下企业发展的战略目标需求。

2015年前后，很多人认为线上流量开发的天花板已经到来，特别是当时淘宝、京东如日中天，而线下流量的开发企业成功起势，带给商界很多启迪。可是，对于拼多多来说，这些都不在它的考虑范围之内，或者说并没有给它造成多大的困扰。

自2015年9月上线以来，拼多多只用了一招聚集用户，那就是通过微信好友的推广实现导流。当一位用户通过拼多多购物时，可以邀请微信好友为他砍价，砍价的人越多则所需支付的货款越少。而那些帮助他砍价的朋友，则会在待砍价的商品页面上看到下载拼多多App的提示，也就是说如果要帮助朋友砍价，那么首先需要下载一个拼多多App。

对于三四线城市的用户来说，价格优惠是最具吸引力的营销途径。拼多多依靠砍价的模式，让越来越多的用户成为积极的推广者，从而促进了拼多多用户的快速增长。拼多多的用户增长迅速，并很快从三四线城市扩展到一二线城市，完美实现了用户群体的"农村包围城市"式发展。

位于四川山区的猕猴桃种植农户们，以及位于江西的赣橙种植农户们，摆脱了以往销量不佳的难题，在拼多多平台上获得了爆发式销量增长，因而获得了财富增长。而居住在湖南、河北、内蒙古和黑龙江等地的消费者，可以在互不相识的情况下成功拼团，使商家在保证收益的情况下，惠及越来越多的消费者。

拼多多电商平台实现了商户和用户的互利互赢，一方面通过将娱乐性、互动性的社交元素嵌入到电商购物中，使得用户购物获得实实在在的价格优惠；另一方面通过互动，用户之间的社交有效性得以延续。

毫无疑问，这样的平台会受到商户和消费者的共同推广，拼多多的发展让人吃惊。短短 3 年时间，拼多多已经坐上了电商平台的第三把交椅，超过了许多老牌电商，甚至在单日订单量这一数据上还超过了京东。

作为社交电商的代表性企业之一，拼多多的发展体现了战略概念变现的巨大效益。当然，拼多多在最初设计这种发展模式时，创始人黄峥对于社交电商的战略路径理解还没有那么充分。随着拼多多快速迭代的用户增长，留给黄峥的反应时间并不多。黄峥和他的团队在保持战略稳定的同时，积极谋求新的可行发展方向。比如拼多多与国美电器合作，拼多多的经营范围迅即扩展到家电类商品。当然，探索战略的可能性是战略保持相对稳定和进行合理变迁的基础。

拼多多快速跃迁，超过了很多的老牌企业，甚至形成对阿里巴巴和京东的追赶态势，实际上这是拼多多内部对企业发展的现实需求。按照拼多多的企业发展模式，即以"社交＋电商"为核心的共享经济，拼多多的发展潜力依然十分巨大。

企业对战略目标的现实需求，是企业发展和前行必然会遇到的重大问题。随着企业不断发展壮大，各项资源和力量越来越充足，逐渐出现很多闲置的资源，或者企业本身面临新的发展机遇，这时企业需要设定新的战略目标。在新战略目标的引领下，企业会重新调整自己的战略路径，从而开发出更加多元的产品和服务，吸引更多的用户流量，获取更为广泛的企业影响力和美誉度，为持续发展打下基础。

可以说，战略目标是企业发展的领路灯和企业运营的定盘星，更是企业产品和服务设计开发的指南针。企业对于战略目标的现实需求是企业管理层的主要任务之一。比如企业进入某个海外市场，首先需要了解这个海外市场的潜力，然后根据用户调研得出可信的用户画像，随后根据产品开发原理开发适合这个海外市场的产品，将产品投放到海外市场后依然需要进行产品跟踪，以便在后续的产品研发中进行设计和运营方面的改进。这整个过程就是企业战略目标及其落地的体现，反映的是企业战略目标设计和实践的过程。当然企业战略设计之前也需要进行一定的调研分析，但这种前期的调研分析更注重对市场潜力的评估，而立足开发产品的调研分析则更注重用户画像的获取，这样才能提高战略的精准实现。

二、企业战略的要素

前面我们围绕战略目标的需求进行了相应的阐释，下面我们来看看战略的要素到底有哪些。概括起来，战略的要素包含以下三个方面：战略对象、战略愿景和战略路径。

战略对象是战略发生作用的主体，比如让企业发展为一个商业生态系统，那么企业就是战略对象；将企业团队打造为"商场狼群"，那么企业团队就是战略对象。战略愿景是企业战略的目标和方向，比如阿里巴巴的愿景是让天下没有难做的生意，那么阿里巴巴公司的目标就是为企业和消费者搭建平台，方向就是为企业、中间商、消费者等各方提供交易平台。战略路径是战略落地的形式，比如要建设智慧城市，那么就可以推行数字城市、智能城市、交互城市等具体的实现方法。

企业发展过程中制定战略，需要保持战略对象、战略愿景和战略路径的有机统一和合理匹配。只有战略对象、战略愿景和战略路径保持共同的节奏，在内容、工具和方法体系上保持同步，才能在未来战略落地的过程中保持可行性和实效性。当然战略在实施过程中要保持各要素间的动态平衡，战略对象要根据形势作出相应变动，战略愿景要因时而异，战略路径要结合时代特征进行适应性调整，以保证战略推进是符合时代特征和现实需要的。

企业战略深深影响着企业发展，但企业战略的有效性很难在短期内进行验证。因此在企业战略的竞争中，战略风险是必须考虑的问题。企业战略要设定一定的修正机制，实行试错、容错、纠错的闭环操作，在特定的限定阈值内进行战略发散或战略收敛，进而保持战略竞争的主动性和灵活性。

谁将赢得战略的胜利？最可能的答案是消费者群体。

第二节　阿里巴巴的战略格局

对于阿里巴巴而言，组织的战略格局主要体现在三个词上：电商、生态系统和互联网经济体。电商是阿里巴巴格局的基础，本质上是创造机会。生态系统是阿里巴巴格局的关键，本质上是创造收益。互联网经济体是阿里巴巴格局的方向，本质上是创造视野。

第一个词：电商

回顾阿里巴巴的历程，不断地寻求突破是这家公司发展的初衷。

1995年4月，中国第一家互联网商业公司杭州海博电脑服务有限公司成立，仅有3名员工。1995年5月，海博公司研发的中国黄页正式上线，这个网站主要的业务就是给企业做主页，以满足企业宣传的需求。到1997年的时候，马云放弃并低价出售了中国黄页，他接受外经贸部的邀请去担任公职，主要负责的工作是为政府部门建网站。

1999年马云再次辞职，带着被称为18罗汉的团队回到杭州，重新开始创业。他们凑了50万元，开发了阿里巴巴网站，先开展全球贸易批发业务，而后着力开展国内贸易批发业务。

2003年5月，淘宝网创立起来，正式进军C2C（Consumer to Consumer 的缩写，指个人与个人之间的电子商务）市场。在此过程中，阿里巴巴与易贝和易趣正面"交战"。最终由于淘宝界面的友好性以及服务的快速迭代，打败了其他竞争对手，"称霸"国内C2C市场。2004年12月，阿里巴巴集团推出了第三方网上支付平台支付宝，开启了互联网支付的春天。支付宝的发展一定程度上引领了移动互联网时代的消费潮流，对后续很多电商平台产生了深远的影响。

从阿里巴巴开展批发贸易的B2B（Business-to-Business 的缩写，指企业与企业之间的电子商务）模式，到淘宝网每个人既可以是商家也可以是用户的C2C模式，再到后续天猫、聚划算等业务的拓展，精准切入互联网商业的痛点，对互联网经济的敏锐把握，是阿里巴巴搭起的第一个有力支撑点。

第二个词：生态系统

2007 年，阿里巴巴集团对于"下一步往哪儿走"没有明确的结论，集团内部包括各个业务群的领导层面都在进行激烈的争论。如果不能解决这一问题，实现更好地前进，那么后果将不可想象。

在这个节骨眼上，马云提出要召开一次战略会，以确定未来 10 年的发展方向。2007 年 9 月底，阿里巴巴在宁波召开了战略会。会议提出的很多个战略方向，在日后阿里巴巴企业发展过程中发挥了重要的导向作用，比如开放、协同等。这次战略会最为重要的价值，是提出要建立电子商务生态系统。现在来看，商业生态系统的说法非常普遍，但在 2007 年的时候还很少。当然，商业生态系统的概念是 1993 年由美国著名经济学家穆尔在《哈佛商业评论》上首次提出的。阿里巴巴提出建设企业生态系统的概念，对京东、小米等企业产生了很大影响。

阿里巴巴的生态系统是基于数据信息连接形成的。一方面阿里巴巴通过一系列专业的数据基础设施，将内部的各项业务进行了串接。这样阿里巴巴内部的信息流、资金流和物流等要素都聚焦于阿里巴巴业务群的各自发展，而不再设立各自的壁垒，从而更大程度提高了资源的利用效率。另一方面阿里巴巴通过云计算、人工智能等技术，将集团的数据处理能力和数据信息对外开放。这样很多企业能够依托阿里巴巴的数据平台，实现自我用户的精准服务，比如海尔在阿里巴巴云计算平台搭建了创客平台，实现企业员工和社会创业者的共同合作。

阿里巴巴的生态系统，最基本的层面是淘宝、天猫和阿里巴巴网站等流量平台，这些平台承接了阿里巴巴集团数以亿计的用户流量，在此基础上企业与企业、企业与消费者、消费者与消费者之间分别建立需求与服务关系，促进了共同贸易和交流，扩大了商品流通的路径。第二个层面是支付宝、菜鸟包裹、云计算等技术基础设施。这些工具项目不仅能够支撑淘宝、天猫和阿里巴巴网站的服务，同时又自成体系，能够给用户带来独特而完整的服务，从而创造更多的价值。第三个层面是盒马鲜生、钉钉等阿里巴巴投资的需求满足业务。这些业务与阿里巴巴有直接的关系，阿里巴巴的各项业务资源都能够为这些业务所利用，特别是有了平台巨大的流量加持，这些业务本身增长潜力非常巨大。第四个层面是投资业务。阿里巴巴目前为止已经投资了很多家企业，一方面这些企业借助阿里巴巴的资源进行快速发展，另一方面阿里巴巴借助这些企业的业务扩展用户流量，获得了更多商业领域的核心竞争优势。

当然，我们人为地将阿里巴巴的商业生态系统区分为四个层次，是不完全准确的。因为只要是商业生态系统，其内部的结构就是错综复杂的。首先，它不是一种单向连接，而是一种多向的连接，很多业务既是一些业务的需求方又是别的业务的服务方，它们的关系是多维连接的。其次，它不是一种固定搭配，而是随着系统内部资源和能量的流动在不断变化的。比如 2007 年确定的阿里巴巴生态系统内，阿里妈妈和阿里软件后来都并入其他的业务群内，阿里妈妈在 2008 年并入了淘宝，而阿里软件也在后续发展中并入了新成立的云计算业务。再次，它内部的资源和能量流动是动态可循环的。以流量为例，如果淘宝上的忠实用户经常购物，那么他对支付宝和菜鸟物流就会很熟悉，他在零钱管理、金融理财和收寄快递上就可能会优先选择支付宝和菜鸟物流。

我们可以发现，在 2007 年之后的发展历程中，阿里巴巴一直围绕建设生态系统而发展。一方面阿里巴巴提高了自身资源的整合程度，以获得核心业务的核心优势。比如对淘宝、天猫平台的不断优化，用户的体验更加具有获得感，淘宝、天猫平台的消费者黏性就会更强。另一方面阿里巴巴不断扩展业务的覆盖半径，以便在具有发展潜力和竞争空间的领域占领先机。比如阿里巴巴对云计算业务的发展。当时，阿里巴巴对于什么是云计算并不是很清楚，但当领导层明白云计算将为中小企业带来数据服务，从而助力中小企业发展时，阿里巴巴开拓了云计算业务。

第三个词：互联网经济体

时间来到 2016 年底，阿里巴巴召开了另一次重要的战略会。在这次会议上，阿里巴巴提出未来的目标是打造互联网经济体。所谓互联网经济体，就是依托互联网平台而形成的具有经济关联性的商业集体。这个思想与电子商务生态系统具有一定的传承性，因为互联网经济体的核心内容依然是电子商务，只不过其外围发生了很多变化，延展出很多其他新的内容和业务。从生态系统到经济体的变化，实质上是从具有一定约束条件到更加稳固可靠的转变。

说起来，互联网经济体应该是由互联网经济点、互联网经济线、互联网经济面和小的互联网经济体组成的。还有一种说法，互联网时代每个人都具有很大的经济价值，因此可以说每个人就是一个经济体。这种说法可能有些绝对，毕竟大多数个人仍然处于消费者这一端，在经济体的结构中处于用户层面。

互联网经济点，就是业务或者消费的个体。比如某个网红自身具有很大的流量，所以她在卖货或者提供文化、娱乐服务时，具有很强的带货和引领变现能力，那么可以说她就是互联网经济体中的重要组成点。实际上，任何一个人都是一个经济点，因为每个人或多或少都与经济建立联系，都对经济的发展作出了自己的贡献。

互联网经济线，就是业务或者消费群体的某条线。比如"双十一"这天某本书的销量，由不同商家构成的数据形成一条具有起伏特征的线条，这条线反映的是不同商家这些互联网经济点的表现，也同时体现了这本书的现实价值。

互联网经济面，就是业务或者消费群体的截面。实际上就是"双十一"这天书籍的销售情况，构成图书消费的基本面，表征图书需求和消费的情况。

互联网经济体实际上是业务或者消费群体截面的总和。比如"双十一"期间所有物品消费的总体概览，能够体现出业务和消费群体的整体画像。

从阿里巴巴创立和发展的整体过程看，格局远大是成功之道。在阿里巴巴创立初期，电商的深入拓展和不同对象的转化实际上非常考验视野。因为当时中国互联网经济还没有大幅起步，移动互联网的红利还言之过早。在这样毫无参照系的情形下，能够将自身的创业领域聚焦到互联网服务商，开拓出中国互联网电商的诸多模式，是非常了不起的创举。

随着阿里巴巴的发展，其内部和外部面临的问题越来越重要，也越来越难，没有广博的视野和坚定的毅力是很难坚持下来的。特别是当企业达到一定规模时，如果不能把握住方向，那么一转身可能就是万丈深渊。阿里巴巴在跳跃式增长的关键时刻，始终将服务企业和消费者作为出发点，因此能够立于不败之地。近年来，阿里巴巴集团的发展更加聚焦战略性，因为只要客户的需求还有可提升之处，那么企业的产品和服务就有未竟之功。

　　阿里巴巴留给企业界的探索和思考是值得我们深入研究的。试问，如果给你 50 万元，让你缔造一个万亿商业帝国，你能做到吗？恐怕没有几个人能够做到。

　　企业在发展过程中，需要领导者具备一定的格局，这样才能在未来的时代洪流中激流勇进，勇立潮头。

第三节　腾讯玩转商业的秘诀

谈论腾讯的战略目标，有三条线非常重要，即创业前期的个人积累、创业中的实用创新导向和后创业时代的虔诚心态。通过创业前的个人积累，打下后续创业的基础；突出创业中的实用创新导向，带来企业业务的快速增长；保持后创业时代的虔诚心态，带来企业持续发展。

一、创业前的个人积累

第一条线是创业前的个人积累，其核心是创业者素质的提升。马化腾是工程师出身，他自身并不善言辞，更遑论管理和运营。腾讯发展过程中，运营、技术、资金等各个方面都能得到跨越式发展，与马化腾个人的悟性和素质是分不开的。

1993 年，22 岁的马化腾从深圳大学毕业，进入了当时深圳发展非常好的一家科技企业润迅通信公司。彼时，润迅通信公司主营寻呼机业务，是中国南方寻呼机领域的龙头企业，年营业额在 20 亿元以上，利润率达到 30% 以上。当时的马化腾只是一名普通的工程师。

在润迅期间，马化腾向公司管理层提出了开发类似 QQ 软件的建议，但公司管理层对此并没有在意。因为开发这样的小程序是需要成本的，潜在的用户需求并没有凸显出来，那么这款应用到底是否应该收费？如果收费可能没有多少用户，如果免费那么做出它来干什么？基于这样简单和实用的逻辑，润迅公司没有采纳马化腾的这个建议。我们不能说润迅错失了机会，就显得管理层存在视野不足的问题，润迅目前在视频通信行业依然占有重要地位。实际上任何企业的管理层在企业运营的过程中，都会遇到很多关系企业未来发展的建议，他们在短暂而繁忙的评估和分析过程中，往往很难准确把握未来的前景，能做到的是最大限度稳妥而积极地寻求发展机会。

马化腾在润迅公司工作期间，对于互联网特别是通信行业的熟悉程度，帮助他认识到互联网社交将会是未来具有很大潜力的行业。基于这种认识，马化腾从润迅公司辞职，与同学张志东合资成立了腾讯公司，初期主要的业务就是拓展无线寻呼系统和为客户提供寻呼方案。

　　紧接着，马化腾启动了即时通信软件的开发项目。因为他心中对于即时通信依然有着深深的情怀，虽然他不确定这个产品能不能赚钱，甚至在其后的研发过程中多次打算卖掉，但即使是赔钱他依然想要尝试一下。当时国际上有 ICQ（一款即时通信软件）应用提供即时交流的服务，但没有符合中国用户使用需求的版本，国内也有两家企业已经在研发类似的产品，当时大名鼎鼎的飞华公司、中华网公司都打算研发类似应用，这使得即时通信软件的前景显得十分光明可期。

　　马化腾仿照 ICQ 开发了 OICQ（一款即时通信软件，即 QQ），实际 OICQ 刚推出来的时候没有什么用户，最早的一批用户就是腾讯的员工和亲友。没想到 OICQ 用户黏度很强，在发展过程中抢了 ICQ 的很多用户，特别是中国用户。后来 OICQ 更名为 QQ。

　　在开发 QQ 的过程中，腾讯遭遇了资金困难。当时 QQ 的用户数量增长很快，很短的时间内用户超过一万人，每天的服务器租赁费就达到一两千元。腾讯公司资金出现很大的缺口，自己的资金有限，又没有风险资金注入，腾讯初期的日子过得十分艰难，马化腾多次想要把 QQ 卖掉变现。最可能成功交易的一次，是在作价 100 万元打算卖给深圳电信数据局时，深圳电信数据局仅打算花 60 万元购买，因为价格因素难以成交。后来马化腾回顾这段经历时说：做互联网企业就不能只盯着眼前，需要把眼光放长远一些。如果当时为了赚快钱将 QQ 卖掉，那么也就不会有后来的腾讯了。

当时的时代背景是，全球互联网泡沫破裂，风险投资界对互联网项目的态度摇摆不定。一方面 QQ 的用户数量在疯狂增长，另一方面腾讯公司资金又遭遇掣肘，管理层不得不拿着商业计划书四处寻求风险投资。在市场计划书更改了 6 个版本之后，腾讯终于遇到了 IDG（是一家全球领先的投资机构）和盈科数码，这两家机构携手给了腾讯第一笔投资 220 万美元。腾讯用这笔钱终于换了一个像样的服务器，能够保证日常用户服务的提供。没过多久，这笔钱已经悉数投入到了 QQ 的运营中，此时亟待风投机构继续跟进投资。但是因为投资环境的不确定性，大部分机构都不愿意贸然接盘互联网企业的投资。

2001 年 6 月，米拉德国际控股集团公司出手给予腾讯投资，让腾讯松了口气。获得风险投资以后，腾讯的发展走上了快车道。腾讯注册用户数到 2002 年 3 月已突破 1 亿大关。从广告、QQ 会员、移动 QQ 等方面获得的收入，帮助腾讯获得了爆发式增长。

从腾讯创立和初期发展的过程来看，马化腾作出了大量努力，付出了很多的心血。毫无疑问，这条路十分艰辛，但结局很好。

二、创业中的实用创新导向

第二条线是创业中的实用创新导向，其核心是围绕目标用户的需求满足，赋能企业内部组织。马化腾在润迅学到的另外一件事是写出的代码要有用才行。如果按照自己的喜好写一个没有使用价值的代码应用，那么对于软件工程师是毫无意义的。因此，在腾讯发展的过程中，每一项业务都是立足于在实用的基础上进行创新，从而激发用户的需求，满足用户更高层次的需求。

腾讯敏锐地看到了互联网时代的基本特征，即依托于高知识密度，互联网领域变化非常快，很多高附加值的业务迅速迭代，服务和产品需要不断推陈出新。在占领个人电脑时代即时通信的先机后，腾讯公司寻找着移动互联网时代的机会，很早就开始向移动互联网时代布局。在移动互联网时代，腾讯的管理是小组式运作，实现了管理层级的赋能。

比如在微信的开发过程中，就是广州研发团队和成都研发团队在同时做这件事。当时，不仅腾讯公司内部在竞争，很多其他企业也在开发类似应用。时间就是机会，每个团队只能铆足精力向前冲。这场商业竞争，要么研发成功获得市场，要么研发失败失去进入赛道的机会。可以说这是一场没有退路，也没有硝烟的残酷"战争"。而张小龙负责的广州团队在最后关头获得了胜利，研发出了微信这款后来风靡全球的应用。

腾讯公司总部在张小龙团队研发微信的过程中并没有过多的干预，这款产品的设计、研发和运营最初都是由张小龙团队负责。只是当微信上线一年后，用户自然增长出现瓶颈时，腾讯公司总部才出手导流，帮助微信打通服务通道，实现跳跃式增长。

腾讯公司管理的精髓，实际上可以概括为赋能，这是打造智能组织的基本方法。传统的企业在上马大的项目时，均会抽调最为精干的力量、最为优质的资源，但腾讯没有这样做。腾讯内部很多产品都是竞争关系，它们不是单纯与外界其他产品进行竞争，还是内部先进行竞争，优胜劣汰的速度实际上早已领先于市场反应的速度。在这种前提下，腾讯公司很多产品的用户数量都是当今互联网企业中的佼佼者。

三、后创业时代的目标和虔诚心态

第三条线是后创业时代的目标和虔诚心态，其核心是以用户为目标，打造多元的影响力。腾讯在运营和发展的过程中，始终以帮助用户为己任，目标是让腾讯成为一家值得尊敬的企业。在发展企业的同时，腾讯公司形成了强大的影响力，这种影响力在多向发力过程中显得非常珍贵。

用户体验至上。马化腾将自己当作一名产品经理，每天都在试用自家公司的产品和服务，从中发现问题，然后不断进行迭代改进，从而提升用户的服务体验。

产品和服务高效迭代。在专业化上做到一定程度后，很多企业都会走上多元化的道路。腾讯在互联网通信上做到行业标杆之时，其商业的触角也延伸到了其他方面，比如游戏、支付、搜索、门户、电子商务等。在巨大的流量红利下，腾讯做任何事情都有很大的成功可能性。另外，借助腾讯的用户通道，腾讯投资其他企业也是有很多益处的。一方面腾讯拓展了业务领域，在新拓展的业务领域内占领了据点；另一方面被投资的企业借助腾讯的资金、技术和用户基础，可以获得跳跃式发展。

梦想造就成功。出于对丁磊创办网易的崇拜，马化腾心中始终有一个通信与互联网结合的梦，这种情怀一步步推动他创立了腾讯，腾讯创办 5 年后，用户数量已经超过网易。马化腾的这种执着追求的精神，是新时代企业家在创业过程中必备的素质。

责任铸就担当。马化腾在关注腾讯经济效益的同时，也在强烈地关注着社会效益。随着腾讯发展得越来越大，马化腾的社会责任感也越来越强。他在一次讲话中指出，腾讯并不会片面追求经济利益最大化，而是会在用户价值和社会价值之间找寻平衡点。

腾讯推出产品和服务，以及产品和服务的每一次改进，初衷都是用户的获得感，这是非常难能可贵的。

第四节　让战略自己革新

相比其他方面的革新，战略上的革新可能更具颠覆性。战略模式不断推陈出新，也就意味着时代在以自己的方式对具备不同战略模式的企业优胜劣汰。如果企业自己能够动态革新商业策略，那么这家企业的发展余地就更充足，所能获得的缓冲空间就更大。反之，如果企业在战略上比较迟钝，时代已经快速变迁了，其仍然无动于衷，或者沉浸在过往的辉煌中，或者错误地预判现在的风口，都可能使其走向衰败甚至灭亡。

一、战略革新的重要性

我们先以一个反面的案例来探讨战略革新的重要性。这个案例就是柯达公司。

19 世纪 80 年代前期，乔治·伊士曼将摄影技术进行了简化，随后发明了胶卷，革命性地改变了摄影行业。随后乔治·伊士曼辞掉了银行的工作，全身心地投入自己创办的企业中。到 1900 年，柯达公司已经将产品卖到了法国、德国、意大利以及欧洲其他市场。

借助在胶卷行业内的优势，柯达公司一直保持领先地位。然而，数字化时代以来，柯达公司没有把握住数字摄影的发展潮流，依然沉溺在传统的胶卷行业，导致经营状况每况愈下，甚至在 2012 年申请了破产保护。实际上，时代给柯达公司预留了发展窗口，但柯达公司内部僵化的体制，特别是对传统竞争优势的盲目保守，使其一步步走向了下坡路。目前柯达将自己定位为数码影像及其服务的生产和提供商，可以说在摄影硬件领域已经失去了往日的辉煌。

2001 年，数码相机已经逐步进入市场，在摄影行业内是非常具有潜力的，但柯达依然在世界各地建立传统的胶片相机制造工厂。使用过胶片相机的人都知道，胶片相机拍摄是将图像曝光在胶卷上，也就是拍照的数量与胶卷数量是相等的。没有胶卷，你将无法拍出有效的照片。而数码相机是将图片曝光在电子元器件内，电子元器件可以反复使用，而且数码相机的冲印成本比胶片相机的冲印成本要低。当时选择胶片相机的是一些什么人呢？实际上是那些购买力没有那么强的人。有钱人已经购买了数码相机，毕竟数码相机使用起来更方便快捷。

当然，作为技术实力非常雄厚的摄影公司，柯达完全具备研发数码相机的能力。然而，一方面公司高层在初期没有作出相应的决策，错过了进入市场的最佳时机；另一方面当柯达研发数码相机准备进入市场时，市场已经趋于固化，索尼、佳能等大众品牌已经积累了大量的用户。柯达黯然地失去了数码摄影的领头羊位置。

从柯达公司的发展历程中可以看出，如果公司战略革新存在问题，企业的发展将受到非常大的影响。所谓公司战略，最直接地体现为核心业务的方向。随着时代的发展，企业的核心业务不可避免将发生变迁，如果抱着守旧的心态，固守核心竞争力，是非常危险的。

二、战略革新的必要性

下面，我们再以一个正面的案例来说明战略更迭的必要性。这个案例是大名鼎鼎的美国通用电气公司。

2018 年，通用电气公司在《财富》世界 500 强排行榜上位列第 41 位，在世界品牌实验室编制的《2018 世界品牌 500

强》上排名第 14 位。这家企业之所以能够始终屹立而不断焕发勃勃生机，最主要的原因是其在保持若干领域核心竞争力的前提下，不断践行多元化战略，以及在关键时刻进行战略变革。

通用电气公司的源头可以追溯到托马斯·爱迪生，就是那位拥有电灯、留声机、电影摄影机等约 2000 项发明专利的发明家。他是个发明的好手，但在经营企业上多少有些吃力。最终他经营的爱迪生电灯公司被摩根集团收购，同另外的电气公司合并，组建了通用电气公司。

通用电气公司在发展的过程中，以各种方式疯狂地吞并了很多企业，实现了自身滚雪球式的发展。根据资料显示，1939 年通用电气公司在美国国内下辖工厂只有 30 多家，到了 1947 年这个数字就增长到一百多家，到了 1976 年底，通用电气公司已经在美国拥有二百多家制造厂。

在不断扩张的过程中，通用电气公司没有特别严重的失败经历，这主要得益于所收购企业的实力以及变现能力。通用电气公司收购的企业或者业务，都是本身具有很大的价值，能够提供具备吸引力的变现收益。也就是说，这些子公司本身在行业内具备很强的核心竞争力，再加上通用电气公司庞大的资源加持，很大概率会获得成功。

当然，在关键时刻通用电气公司也在更新着自己的企业战略。比如 20 世纪 60 年代末，通用电气公司在市场上遇到威斯汀豪斯电气公司的激烈竞争，公司财政一度走向赤字。为了改变这种状况，1971年通用电气公司的管理层大胆采取了一种新的企业战略，即在事业部内设置"战略事业单位"。这种"战略事业单位"是独立的组织部门，可以在事业部内有选择地对某些产品进行单独管理，以便事业部将人力物力等机动有效地集中分配使用。本质上说，"战略事业单位"相当于事业部内具有一定"特权"的管理组织，能够激活某些产品的发展潜力。实行这种企业战略调整后，通用电气公司当年的销售额和利润额都创出了纪录。此后一直到20世纪70年代中期，通用电气的销售额出现了大幅增长，纯利润也增长将近两倍。

总结通用电气公司和柯达公司的案例，可以发现这样一条规律：如果固守核心竞争力，那么随着时代前行，核心竞争力就会成为制约发展的因素；反之，如果能够及时调整战略，应对可能或者已经出现的问题，那么企业依然可以得到良好的发展。

三、战略革新的时机和方向

前面我们从案例入手，介绍了战略革新的重要性和必要性。下面我们就战略革新的时机和方向梳理一下，以此从更为宏观的角度来认识战略的发展规律。

企业发展初期，人力、资金、技术等均不够雄厚，此时业务经营应该立足于发挥最优能力，获得个别产品的核心竞争优势，这样才能把企业做起来。我们把这种战略称为核心竞争力战略，其本质上是一种有限条件下的自然选择。在获取核心竞争力的阶段，企业需要低头拉车的精神，不断投入资源和能量来打造品牌，获得用户信任；在保持核心竞争力的阶段，企业需要未雨绸缪，紧盯时代的变迁，开发适应时代特点的产品和服务，进而获得持续的发展和进步。

当企业发展到一定规模时，拥有一定基础的资源要素，此时业务发展趋向于开发更多的渠道和通路，以降低成本获取更为丰富的收益。这种战略我们称为多元化战略，其本质上是一种具备基础前提下的自然扩散。在多元化发展的过程中，企业需要保证自己的利润率，因为投入太多资源开发新业务对企业运营而言并不美好；在多元化发展进入螺旋推进阶段时，企业需要合理保持自己的竞争力优势，以保证多元化的过程是合理理性的，能够获得相应的收益，保证不发生盲目的失败，造成不可挽回的损失。

目前而言，对其相对合理可行的解读角度有下面几种。

一种是生态系统的战略。即企业的发展需要普适性的资源要素，比如数据在互联网界就像生物界内的空气一样。在资源要素得到合理利用时，企业生态系统是能够正常有效发展的。阿里巴巴是以电商为核心，移动支付、大数据、人工智能为支撑，用户为顶端的生态系统，本质上是一种直接的获利型模式。而腾讯是以移动通信为核心，娱乐、休闲和交往为支撑，用户为顶端的生态系统，本质上是一种用户导向的商业变现模式。总的来说，阿里巴巴的生态系统本身是商业变现导向的，而腾讯的生态系统是用户服务导向的。

另一种是平台战略。即阿里巴巴和腾讯都是庞大的平台，平台上承载着用户所需的诸多资源要素，同时运行着不同的繁杂的工作程序。阿里巴巴的平台是为企业、消费者搭建一种沟通的桥梁，让企业与企业、企业与消费者、消费者与消费者之间更好地开展商业交易。腾讯的平台是在用户与用户之间搭建一座桥梁，让用户与用户能够实现交互，从而在全链路的生态场景中获取适宜的产品和服务。

除了生态系统的战略和平台战略，实际上还有其他的一些战略模型可供选择，比如蓝海战略、红海战略、定位战略等。这些战略可以解释某些企业的某个发展阶段，或者若干类企业，但并不能解释所有的企业发展。不同类别的企业，在发展的不同阶段，面对形形色色的问题和挑战时，需要不断更新自己的战略，以战略牵引转型升级，这样才能使企业掌握发展的主动权。

这里面更为深层次的内涵在于，组织战略是管总的，是能够对企业发展的方方面面产生深远和直接影响的。所以企业在发展时，最核心、最基本的关注点就应该是战略是否有效。毕竟战略能否顺利更新，释放自身的有效性，还必须依赖市场环境、组织管理、产品和服务对用户需求的满足等多方面因素的配合。

　　让战略进行自我革新，不仅是一种意愿，更多的还需要适宜的环境和自身的努力。

第四章

智能组织的
发展原则

在智能商业时代，商业发展的主要领域将围绕创新这一核心特质展开和连接，企业要想适应这种经营方式，必须持续提高自己的创造力。

但传统的组织管理难以实现这样的目标，因为传统的管理实质上是一种以操控为目的的填鸭式运行过程。管理者通过自身的学识和经验，提出分析、解决问题的思路和办法，然后由被管理者进行末端的执行。在此过程中，被管理者的创造力被极大的限制，而且越是底层的被管理者所做的工作越趋向于简单重复。当然，随着企业业务量的增长，管理者的工作量会呈指数级上升，不可避免地会对一些事情区分轻重缓急，然后投入不同的精力和资源进行管理，进而取得完全不同的结果。

现实问题在于，面对未来商业环境的快速变迁，面对企业运营过程中不确定性和复杂性全面增加的现状，企业应该如何应对？

智能组织有两方面的优势是显而易见的。一方面智能组织具有更多的活力和爆发力。智能组织的成员具有更多积极性，能够针对组织发展中的问题进行思考和探索，从而为组织进步带来多种可能性。当面对组织发展的风险和挑战时，智能组织能够集合成员的力量，快速应对和处理相应的问题和隐患。

另一方面智能组织的创造力非常大。腾讯在开发微信时，是由内部两个独立的团队同时在做，而这两个团队还要与外部很多家企业竞争。但正是由于腾讯集团放开手脚，让各个开发团队拥有自主权，才更好地激发了张小龙团队的创造性，使其脱颖而出。想赢得竞争，需要敏锐地观察市场，提升创造力的同时积极地围绕用户需求开发产品。

实际上，企业要打造成智能组织至少需要解决四个层面的问题，分别是个人内在的动力、组织内在的动力、组织系统的推力和组织系统的边界。个人内在的动力是指个人发挥作用的能动力量，组织内在的动力是指组织发挥作用的能动力量，组织系统的推力是指推动组织发挥作用的力量，组织系统的边界是指组织发挥作用的程度范围。

这四个层面的问题与打造智能组织的原则相对应。那么，打造智能组织需要把握怎样的原则？同时，实践这些原则需要把握哪些问题？本章我们将围绕智能组织的发展原则进行分析和实践论证。

第一节　自我激励与任务匹配

　　智能组织的第一个发展原则是自我激励与任务匹配。这是解决第一个层面问题的方法。当然,就个人内在的动力而言,有很多种具体的获得办法,比如职业生涯规划,可以带给人们前行的动力,帮助人们实现自己的职业目标。这里之所以将自我激励与任务匹配作为一个基本的原则,是基于自我激励与任务匹配的契合度和重要性来说的。

一、自我激励的意义和基本条件

如果企业里的每个人都能发挥自己最大的作用，激发自身工作的活力和潜力，合理提高资源运用效率，研发更具有竞争力的产品和服务，那么企业将获得更好的发展和进步。

要提升员工的创造力，企业需要组织激励和自我激励同步发力。对于智能组织来说，其资源要素高度智能化，员工的能动性和创新性成为企业竞争力的主要来源。任何企业都需要激发员工自身的能动性，并且发展更多的创新能力，带来企业产品和业务的持续革新和快速迭代。

传统企业要转型为智能组织，首当其冲的就是员工工作模式的改变。组织激励对应的组织职能是管理，自我激励对应的组织职能则是创新。毫无疑问，如果要打造创新型组织，需要更好地实现自我激励，而不是单纯依靠组织激励。未来企业发展，需要由组织激励向更多的自我激励转变，当然组织激励和自我激励依然需要同时进行，只不过重点和比例发生了变迁。

华为是一家非常注重员工自我激励的公司。这不仅体现在华为员工获得的丰厚报酬和福利上，更体现在华为员工在工作过程中获得的成就感和价值感上。华为在激励员工发挥潜能上非常敢于投入，具体表现在很多方面，我们这里简单举几个例子。

第一个例子是华为员工的薪酬标准。按照员工工资和奖金支出占企业总收入的比例来看，华为公司在同行业中居于前列。实际上，即使是在最初创立资金紧张的时期，华为也为员工提供优于同行业其他企业的薪酬，同时进行定期增长。

第二个例子是华为规定在基础科学研究的投入中，允许工程师出现 50% 的失败率。也就是说，如果研发项目具有 50% 的成功可能性，就可以上马。企业对员工的巨大支持力度，将会给员工发挥自身的创造能力，不断开发新技术、新工艺、新产品，带来便利。通过不断鼓励创新，华为聚集了大量优秀的技术和管理人才，建立了非常丰富的人才储备。

同时，华为在精神激励和文化激励上强调"狼"文化、"家"氛围。狼是一种十分注重团结的动物，而且非常讲究拼搏。华为鼓励员工积极进取，同时也强调要注重团队精神。华为的产品技术研发往往难度很大，所以既需要发挥个人的独创性，又需要借助团队的力量集体攻关。华为在产品和技术研发上有一股狼劲，是对产品和技术的执着追求，体现在个人身上就是不断发挥个人价值，提高个人成就。

华为设立了专门的荣誉部门，对员工日常工作的很多方面授予荣誉奖，比如员工在某方面表现优异、获得了某方面的进步、在工作中作出了新的贡献等。在这种氛围的带动下，员工会自发地做更好的自己，实际上就起到了员工自我激励的效果。每位员工都获得了极强的成就感，在不断的创新工作中，看着自己的技术为用户带来某方面更好的体验，这种个人价值的实现也很吸引人。

另外，华为非常关怀员工，并努力营造"家"的氛围，通过一系列常态化的文化活动和文化生活，增进员工之间的感情，提高员工的思想境界，帮助员工形成强烈的协作精神和创新意识。

从华为的例子来看，进行自我激励需要满足几个基本条件。

第一，个人能力素质合格。员工能力素质对企业的发展非常关键，而好的能力素质将有益于开发出更好的产品和服务，同时带来更具竞争力的工作效率，这是企业生存所需的。只要员工自身能力素质过硬，在面对纷繁复杂的情况时，具备实力找准症结解决难题，那么企业的生存和发展空间就会有很多的延展性。

第二，个人内源激励成立。所谓内源激励就是员工进行内在心理和思想的激励。只要心理和思想的触发和激活是畅通的，自我激励就是可行的操作方法。通过一定的思想和心理准备，坚定员工的决心和意志，可以为后续竞争留下更大的勇挑重担的激励。

第三，企业具有奋进环境。个人认知极易受到所处环境的影响。要实现自我的激励，就需要不断营造成长环境，打造适合继续奋进的氛围，这样才能获得个人成长的强磁场，给个人无形和有形的激励打下深厚的基础。

第四，个人成就得以彰显。自我激励往往与个人成就的获得有关。也就是说，如果一个人在工作过程中获得一定成就，得到人们的认可和尊重，就可能会激发他更加自觉地主动解决问题。当然，互动并非以成就高低来进行绝对性的匹配，而应根据实际情形来单独设置，以此寻求激励的有效性。

第五，积极的心理暗示。如果一个人干什么都难以成事，那么越来越多的人就认为他工作能力差，交给他的事情越来越低层次，而他所能完成的事项也会越来越少、越来越差。个人在工作过程中，要不断给自己以积极和正面的心理暗示，运用正能量的思考方式，不断激发个人的雄心壮志和正面能力，以完成越来越宏大而积极的事情。

二、任务匹配的主要指标

企业在发挥员工能动性和创造性方面，需要最大限度地将员工的个人意愿、能力、素质与任务进行配对。这个过程可能涉及的问题有：能力、素质不足，所以只能做较低层次的工作，如果个人进取的意愿非常强烈，那么不妨将更难的任务交给他，让他在完成艰难任务的过程中获得个人成长。一般来说，企业在员工履职时是能岗匹配的，为了培养和激发员工进步，可以适度提升员工的任务难度，帮助员工获得更好的成长。

在企业开发新业务的过程中，很多管理者会对如何选择项目负责人感到为难。之所以出现这种困惑，主要的症结在于管理者对于人才和任务的适配度不够了解。而人才和任务的适配度在任务施行前基本很难有确定的答案。这里我们需要借助几个指标来进行任务匹配：任务属性、人才属性、企业动机与个人意愿。下面分别对其进行阐释。

任务属性是指任务的重要特质，包括服务体验、价值导向、创新、成本等内容。比如要开展一个研发项目，这项任务的重要特质是创新，那就可以归结为创新属性；比如要开发一个畅销产品，这项任务的重要特质是用户需求，那就可以归结为用户需求属性；再比如要创立一个企业文化概念体系，这项任务的特质是价值导向，那就是价值导向属性。

人才属性是指人才的主要特质，包括技术型、管理型、复合型等，也包括各类别下属的各层次的子类别。比如开发一款手机应用，需要项目管理人员、技术研发人员、市场开发人员等各个类别的人员支持；即使都是技术研发人员，也有界面工程师、交互工程师、测试工程师等各个类别的人才。只有找到相对符合的人才，才能达到事半功倍的效果。

企业动机是企业战略目标在具体任务上的体现。任何一项任务，都是围绕战略目标而产生、实施的。这就说明企业动机所表现的具体方面有：发展新产品、提供新服务、进入新领域、培养新人才等。比如企业设置某项任务是为了锻炼和培养一批人才，以实现人才储备的目标，那么这项任务的实现对于这批人既是机遇又是挑战，也就是说，干得出色就是可委以重任的人才，成绩平平甚至表现太差的话，就可能面临继续成长甚至被淘汰。

个人意愿是指对于一项任务个人基于各种条件进行考虑而作出的决策。比如有若干项不同的任务，那么参加哪个项目就需要你根据个人意愿进行抉择。首先，这些任务是由不同的项目经理所负责，你可能更喜欢刘经理的工作方式，而不喜欢李经理的工作方式；其次，这些任务所需要的能力不同，你可能希望提高协调能力，而不是技术研发能力；再次，这些任务最后的成果不同，你可能希望自己积累开发产品的经验，而这项任务开发的是某项服务，并不涉及具体的产品项目。诸如此类，问题不一而足，都需要个人与任务进行配对。

任务匹配是员工面临任务系统时，针对自身的实际情况特别是能力和资源现状进行预判，对具有可行性和实操性的任务的选择策略。个人与组织进行任务匹配是个多向选择过程，往往会随着发展产生很多可能性。基于任务实现过程中的各个要素匹配，智能组织在个人能力具备的基础上，实现了外在条件的匹配，从而获得了资源运用的内在一致性，这对智能组织的员工发挥能动性和主动性至关重要。

总体来说，自我激励和任务匹配是内在动力发掘和外部环境匹配的第一层。对于智能组织来说，自我激励是智能组织得以建立的支点，而任务匹配是将这些支点进行优化的润滑剂，使得企业员工释放活力，获得更加富有生命力和竞争力的组织形态。

第二节　文化聚合

　　智能组织的第二个发展原则是文化聚合。企业要实现智能化，关键的因素是人。要发挥人才的作用，最有效的方法是通过文化来引导。通过文化激发人们的主动性和创造性，不但效果比较明显，而且性价比往往最高。这就是解决第二个层面问题的方法。

　　从内在的价值和文化认同层面出发，发挥人们的才能，使人们实现个人价值，获得个人成就感，这是企业文化的基本要求。然而，企业文化的初衷是聚集人们的资源和力量，来帮助企业实现自身的战略目标。那么，应该如何实现这一目标呢？

一、文化聚合的主要内容

文化聚合有三个层面的内容：价值观的交集、使命感的激发、忠诚度的加固。

第一个层面，价值观的交集。由于成长环境、经历阅历等不同，员工的价值观千差万别。这时，就需要从多种价值观中找到符合企业发展和战略目标的价值观，作为企业文化的基石，加以锤炼。这里需要注意以下几个问题。

价值观是企业文化的核心。随着企业的不断发展，企业可能会不断更新自己企业文化的表现形式，但作为企业文化根基的价值观必须保持相对稳定。只有价值观保持相对稳定，既充满历史传承的厚重感，又富有浓厚的时代气息，企业文化才会成为有源之水、有根之木，能够常绿常青。从这个角度说，企业的价值观就是企业文化的核心内容。

价值观的外在表现形式非常重要。即使是同样为顾客服务这一价值观，在具体的表述上也有差别，在实践过程中也会带来巨大的差异。比如"顾客至上"强调的是对顾客的极度尊重，围绕顾客为主的基调进行实践；而"帮助用户更好地生活"强调的是为顾客更好地生活而努力，突出企业为主的基调进行实践；而"一切为了消费者，为了消费者的一切"

强调的是消费的过程，强调的是消费体验和服务的升级。

价值观不是一个流动的概念，而是相对固化的思想认知。企业和员工寻求的价值观认同，必须是大致稳定的思想认识，比如为顾客服务而非赚快钱。只有一以贯之的价值观体系，才能内化成一种企业力量，带领企业走向更加坚定的发展轨道。

第二个层面，使命感的激发。这个层面涉及的问题有三方面：达成使命感、传递使命感的因子、释放使命感的变现能力。达成使命感是员工在企业文化的熏陶下，产生实现企业战略目标的使命意识。传递使命感的因子，是员工在具体事项的完成过程中，让渡和共享使命意识的过程。释放使命感的变现能力，是企业在员工潜意识中根植使命感，在实现具体任务的过程中，依托使命感来促进和加速任务完成。

员工能对一项任务获得使命感，说明这项任务本身具有相对其他任务更加重要的现实意义，同时又与员工个人经历中的某个因素相连接。使命感达成的前提是，所需完成的任务此前没有完成，或者完成这项任务本身具有较大的难度。只有任务特性或者需求触动了员工，能带给员工某种目标需求的满足，员工实现任务的使命感才会出现。

使命感本身具有很强的感染力。如果在一个内部环境中打造出了依靠使命感来完成任务的氛围，那么这种企业文化的感召力就会自动发挥作用，能在干事创业的过程中传递给其他的人，甚至达成自我教育的效果。使命感的流动受到个人能力、集体能力、个人意愿和集体意愿等诸多方面的共同作用，因此使命感在传递、分发和再传递、再分发的过程中有很大概率会消失。

使命感在促进任务完成时具有极大的牵引力。使命感能够帮助员工激发出自身的潜力，然后事半功倍地干好眼前的事情，并且对后续事情的发展作出预先的安排。使命感的变现归根结底是个人能动性的涌现，是个人潜力的集中爆发，因此其作用非常巨大。比如很多时候，员工为了实现自己的愿望或者帮助别人实现某种愿望，会不遗余力地付出艰辛的劳动，这个过程就是使命感在变为行动力。

第三个层面，忠诚度的加固。这里涉及两个问题：领导者的魅力特质和员工的习惯特质。领导者的魅力特质会吸引一部分人，跟着领导者干、服从领导者的管理、从领导者身上学习，这就使得领导者的个人魅力转化为了员工的忠诚度。员工的习惯特质会产生一定的效果，比如形成可靠、易被接受等人格形象。当然，员工特质是因人而异的，一旦员工的习惯特质与企业文化相违背，要么对其进行持续的专项训练，要么进行及时的淘汰。

由于每位员工对待工作压力、任务难题、失败挫折的抗压能力不同，面对成功和得意的处理方式不同，他们的自身经历、能力也不同，员工的忠诚度难以一概而论。要想获得大体一致或者很高的忠诚度，实际上需要把握员工的性格特质，特别是他对于职业和岗位的认同程度以及其处理习惯，这样才能尽早预判员工的需求，然后通过适当的方式给予满足或应对，保证员工的忠诚度。

二、企业文化建设的案例

我们现在谈企业文化的案例，恐怕没有比 IBM（国际商业机器公司）更合适的了。这家崛起于家族企业的巨型科技公司，从起步阶段就形成了自己独特的价值观，并在后续的发展中不断强化和拓展，进而打造了现在具有全球影响力的跨国企业。

IBM 的创始人汤姆斯·约翰·沃森是个很有想法的人，在创办 IBM 之前，他就拯救了一家业绩平平的企业，方法就是规范员工的言行，向员工传达自己的价值观。具体的做法是：要求员工穿深色工作服，不鼓励吸烟，禁止酗酒等，然后在企业里张贴宣传标语，比如"员工代表企业形象""我们出售的是服务"等。这些措施产生的效果就是员工保持很高的工作积极性，并且离职率很低。

IBM 成立以后，在从老沃森传到小沃森，再到其他管理者的过程中，始终坚守着三条基本的价值准则，并将其固化为企业的价值观，不断向员工进行宣传。这三条价值准则分别是：尊重、服务、优异。

第一条价值准则：尊重个人。IBM 认为，公司最重要的资产不是别的，而是员工。在此前提下，IBM 努力营造民主的氛围，让每个人都能受到尊重，同时每个人都能积极发挥自己的才能。

IBM 公司强调，管理层必须尊重每一位员工，而每位员工又必须尊重所服务的客户。在 1969 年开始的经济大危机时期，IBM 没有辞退一名员工。公司有 1.2 万名员工，从萧条的工厂、实验室和总部调整到其他岗位，经过再培训后从事其他工作。

同时，IBM 公司的人必须尊重竞争对手，不可以诋毁和贬抑竞争对手。IBM 认为，企业竞争应该聚焦在产品品质、服务态度、营销方法等方面，不应该只推销自己的优点而攻击竞争对手的缺点。

由于 IBM 公司良好的企业氛围，每名员工都将自己视作公司的一分子，努力发挥自己的才能来建设公司、发展公司，努力把 IBM 变得更好。当然员工在 IBM 的努力和付出不会白费，因为 IBM 支付员工薪酬时是基于贡献大小，而不是论资排辈，这就激发了员工的士气。

第二条价值准则：为顾客提供最好的服务。老沃森在创立 IBM 之时，就提出要建设一个"顾客至上"的公司。因此，IBM 公司的任何作为，前提都是要围绕顾客的需要。为了提高服务质量，IBM 公司每年要求项目（部门）经理参加 40 个小时的训练课程，然后才能在公司内指导工作。

在具体实施过程中，IBM 从硬件和软件两方面进行了努力，我们分别举例来看。硬件方面的例子是 IBM 的新零件。IBM 要求任何一个新零件都要比原先更换下来的好，同时要比市场上的同类产品要好。这种对于品质的高追求，体现在 IBM 硬件产品的方方面面，也带给顾客值得信赖的企业形象。软件方面的例子是对客户反馈的重视。IBM 对于顾客反馈的问题，整体上要求在 24 个小时内解决，即使不能及时解决，也要给予圆满的答复。而且 IBM 通常上门服务的时间都在一小时内，这给用户带来了极致的服务体验。

由于 IBM 给用户带去了更具吸引力的服务，让接受其服务的人感到满意，因此 IBM 公司受到大家的喜爱和信赖，获得越来越多的老顾客，而老顾客又自发成为宣传推广人员，帮助 IBM 招揽到更多的顾客。

第三条价值准则：追求优异。时代快速变迁，市场环境和技术发展高速迭代，IBM 提出公司运营必须与时俱进，适应时代变迁的节奏，这样才能保证公司继续向前。实际上，自成立以来，IBM 虽然一定程度上调整着自己的产品和服务，但对于优异的追求始终没变。

这里有两方面内涵：一方面是 IBM 企业追求优异的产品和服务品质。IBM 的产品和服务在推向市场的过程中，始终坚持高标准，确保产品和服务质量越来越完美。企业设置了一些工作指数，通过市场抽样调查的结果来改进产品和服务。另一方面是 IBM 的员工追求优异的工作表现。在员工招聘环节，IBM 注重优异的准则，从全国挑选最优异的学生，然后让他们接受公司内部密集的优质训练，从而让这些新入职的员工很快有优异的工作表现。在职位晋升上，IBM 的管理层都是从企业的内部员工中择优晋升的。

企业传递出的优异要求，也激发了员工的使命感，使得每名员工自发地积极进取、努力工作。同时，由于 IBM 本身所处行业竞争激烈，这种对于优异的追求也帮助 IBM 的员工获得了大幅的提升，培养了一批批优异的人才。

第三节　建立有效的互动机制

智能组织的第三个发展原则是建立有效的互动机制，这是解决第三个层面问题的方法。

在进入这个话题的讨论之前，我们先对"互动机制"进行一下说明，以便更好地认识其内在系统和外部环境之间的联系。

"机制"这个词源于工程领域，其最初的含义是机械系统的运行方式。后来由于运用越来越广泛，"机制"进入其他很多领域，逐步衍生出的含义是为实现一定功能而组合成的构造系统及其运行方式。所谓互动机制就是基于互动功能而形成的构造系统及其运行方式。比如信息互动机制，就是为了交流信息而建成的信息系统及信息互动方法。

大体来说，机制的建立和运行是个系统工程，具有高度的复杂性和混沌性。所谓复杂性是指机制连接着多种因素，而每个因素本身也具有很多维度，这种乘数效应带来的就是难以简单归类和处理的情形。而混沌性是指机制在设置时围绕主要方面进行，而机制建立和落实又有很多干扰和控制因素，在机制运行过程中任何一项小的干扰因素发挥作用，都能带来最终结果的迥异。所以机制的运行绝非易事，但如果我们把握一定的原理和规律，也能通过机制发挥独特的功能，实现我们的战略目的。

过去企业的运行过程，往往突出强调管理机制的重要性。管理机制的运行，是通过一系列较为完备的管理方法管控员工，使员工按照层级制的要求来完成上级分配的任务。但是，面对如今摧枯拉朽的创造力革命，企业开始逐步转向提升员工创造力。在此前提下，层级严密、流程精细、机械操作等传统管理方式变得不合时宜，难以适应创造力革命寻求的动态的应对不确定性和高度复杂性的要求。

那么，如何使一家企业成为高创造力的组织？答案是建立民主温和的企业环境，激发更多员工进行有效互动，通过互动来发生创意思想的碰撞，打造适应创新需求的企业。同时，要想方设法促进跨界交流，因为跨界交流所带来的创意方法和实践经验，能够缩短企业实践的链条，更直接地提供有参考性的结论。

我们从机制这个概念出发，可以找到三个方面的共同内容：机制建立的基础条件、机制运行的实施规则、机制的健全和完善。要建立和运行有效的互动机制，需要打造互动机制产生的环境，构建高效的机制实施规则，持续健全和完善机制的具体形式，这样才能从关键环节和关键要素上解决机制运行的有效性和适用性。

一、互动机制建立的基础条件

只有企业、员工和企业文化等各个要素达到一定的条件，才能保证互动机制顺利地施行下去，不至于半途而废或者事倍功半。下面我们分别从企业、员工和企业文化三个方面来看看机制建立需要具备的条件。

构建具备互动型氛围的企业。企业需要立足于打造智能组织这一目标，这样企业对管理和激励的传统运行方式就不至于太过沉迷，也就释放了企业本身的可塑性。对一家企业而言，如果领导不苟言笑，平时严格按照层级模式进行领导，那么互动效果就不会很好。反之，企业将资源和权力赋能给员工，员工发挥自身能动性，寻求具备不同资源、不同才能的其他员工进行合作，就将带来企业的高效运行。

这里我们来看看携程网的例子。梁建章曾经说："我们几个管理层之间也有分歧，但都是'健康'的分歧。"实际上，在携程网发展的过程中，管理层变动是相对频繁的，诸如深夜任命高管、连续任命 6 名副总裁之类的举动不是个例。这一方面与携程自身业务拓展快有关，携程网从旅游市场拓展到出行和日常生活场景，其业务扩展半径呈现了指数级增长；另一方面也与携程运营的特点有关，携程网更注重合作和分享，因此其运营方式趋向于开放，管理层进行决策的前提是密集的互动沟通。虽然我们看到携程网高层仍在不断调整任职，但总体而言，高层之间的分工已经非常明确，进行决策也能取长补短，其团队的凝聚力和决策效率得到了提高。

汇聚擅于互动的员工。员工本身要具备沟通协调的技能，这是互动机制建立的最基本的前提。如果企业员工本身不善言辞，难以与别人进行有效沟通，协调事项和配置资源的能力较弱，那么企业互动机制的建立就显得不切实际。因此，当企业确立自身的组织形态是智能组织后，就需要对员工的互动能力进行强化训练，进而为后续的信息交流和实践互动打下良好的基础。如果企业非常看重这方面，那么在招聘员工时就应该将其作为重要的考察依据。

营造鼓励互动的企业文化。企业只有具有适合互动的文化环境，才能带动员工自发地参与到互动交流中。一旦员工能够在互动中获得实实在在的收益，后面他就会自觉地寻求互动的机会，以获得更多互动的收益。对于智能组织而言，企业文化尤为重要，因为智能组织运行过程中，主要是企业的战略目标在牵引着员工独立进行工作，所以每位员工必须按照共同的理念和规则完成自己的工作。企业文化中体现出来的战略目标和价值观等就是员工必须共同遵守的理念和规则。这样企业的日常管理将更多地让位于员工自主的安排，当然员工也会向有关人员特别是领导分享工作进度和结果。只有在面临十分艰难复杂的任务，需要领导协调更多的事项时，管理层级才会直接发生作用。

二、互动机制运行的实施规则

企业互动机制本身包含着三个方面的内容，即企业领导层与员工之间的互动、企业部门之间的互动、企业员工之间的互动。这三个方面的互动良好地运行，是互动机制运行的基本要求。在具体实施互动机制的过程中，我们必须遵守以下规则。

增加接触面。领导层和员工、部门之间以及员工之间，应该能够通过某个场合、某个情景、某项任务密切和频繁地联系起来。在运行互动机制的时候，需要考虑交流成本，只有那些既能促进交流又不产生尴尬的交流环境，才会吸引越来越多的人加入。

促进业务交流。企业架构越庞大和复杂，企业内部的业务交流也就越重要。不但主要业务要进行交流和合作，通过互动增进了解和互信，促进不同需求和上下游业务链条的迭代发展，其他保障性业务也要进行交流，实现业务流程的优化，促进业务交流常态化和长效化。

减少摩擦系数。由于利益和竞争关系的影响，员工之间、领导层与员工之间、部门之间都会考虑自身利益而作出对自己有利的举动，这可能无形中就冒犯了与之交流的对象。具体的解决方法有很多，我们从两个方面来提出建议：首先可以多组织文化活动，通过吸引更多具有相同爱好的人将企业各部门串联起来，营造更为畅通的沟通环境；其次可以在工作的地方悬挂宣传标语，比如设置"企业是我们大家的""合作是我们的首选"等内容，给员工传递一种互动合作的价值观。

三、互动机制的健全和完善

互动机制由于受到经济环境、企业战略和技术发展等方面的限制，总会在运行一段时期后出现不完善或者不正确的地方。这时，企业需要尽快健全和完善互动机制，以提高互动交流的效率。

通过技术革新，拓展互动的平台。比如以前我们通知员工做某件事情，需要召开实地会议进行布置，或者打电话逐个布置。互联网出现以后，可以发送邮件进行布置，随着微信、QQ 等软件的兴起，视频群聊会议也可以实现。

通过温暖关怀，增强员工内部联系的紧密度。最有效的互动是不产生心理隔阂的互动。因此，如果能够将心理距离缩短，那么员工的互动就会增多。具体操作的方式就是通过暖人心脾的关怀和日常帮助来实现。解燃眉之急，化解尴尬误会，力所能及地帮助他人解决工作、生活中的事项，就能增强员工之间的认可度。通过打开每位员工的心房，让信任和互助互学互促的种子根植在企业内部，企业内部的连接紧密度就会获得持续加强。

通过激发活力，提高员工自身的能力。互动本身就是将资源调配效率提高，如果个人能力在互动过程中得到激发，那么个人调配资源的效率也会提高。因此，要通过互动激发出对个人潜力增长有益的状态，持续提升个人的技术和管理能力。本质上，个人能力提高，意味着能够办好更多的事，将吸引到更多更高级的互动和合作，从而形成互动与能力增长相互助益的良性循环。

第四节　动态平衡

在非洲草原上，狮子和羚羊之间进行着角逐。如果狮子跑得没有羚羊快，那么狮子吃不到食物，可能要饿肚子；如果羚羊跑不赢狮子，羚羊就会成为狮子口中的美食。那么，到底谁会获胜？

答案是不确定。由于狮子和羚羊在起步阶段的爆发力不同、竞争存续阶段的耐力不同、末尾阶段的处理方式不同，狮子和羚羊的角逐始终在动态演化，直到某个时间达到一定的平衡：狮子并不会每次捕捉到羚羊，而羚羊也并非每次都能逃脱。

实际上，在企业与客户、企业与员工、员工与客户互动的过程中，也会通过一定程度的竞争与合作关系，达到包含诸多要素、诸多环节的动态平衡。

这就是智能组织的第四个发展原则：动态平衡，它是解决第四个层面问题的方法。要使组织高效能地发挥作用，需要契合时代的节奏，扣住时代的脉搏发力，才能达到事半功倍的效果。在组织成长和运行的过程中，内部各项资源会出现此消彼长的变迁，这种动态变化只有达到一定的平衡状态，才能确保企业运行的稳健性和创造力。

换句话说，将动态平衡作为企业运行的一个原则，本身包含着对企业维持和发展过程最基本形态的考量，即企业的成本与利润要保持合理的水平。如果成本太高利润太薄，那么企业的盈利能力就易出问题，这时就需要抓紧开发低成本高收益的产品，填补到企业的产品矩阵中，从而提高企业的盈利能力。拿企业的现金流来说，就是企业现金收入与现金支出要保持平衡，如果收支平衡被破坏，收支差额波动幅度太大，就是对企业运行健康状况的直接警告。

一、动态平衡的基本含义

分析动态平衡的结构，可以概括出动态平衡包含的两层最基本含义：快速迭代和有条件的平衡。快速迭代是基本前提和过程，有条件的平衡是目的和预期结果。

我们先来看快速迭代。互联网时代，商业的机遇和风口出现时间非常短，而且有继续缩短的趋势。个人电脑经过 30 年发展趋向成熟，而智能手机经过 10 年发展就趋向成熟，手机 App3 年就达到了成熟应用，这说明随着时代快速变化，商业的变迁速度和幅度也发生了很大变化。

现在看来，商业发展的快车道已经是条单行道。如果捷足先登，就会快速前行，如果没有抓住机会上车，想要等下趟车，那么等待的时间成本非常巨大。此前，很多传统制造企业对互联网企业另眼相看，不认为互联网企业对传统商业的颠覆能大到哪里去。然而，互联网的一系列商业模式快速发展，造就了一批批独角兽企业，企业增长和变现的能力甩传统制造企业好几条街。后来，很多企业想要抱互联网企业的"大腿"，想要在互联网时代分用户流量的红利，但由于巨头企业对流量的虹吸效应，企业再想进入市场竞争，不但不明智而且毫无意义。

当今时代的商业红利转瞬即逝，要想抓住企业发展的时间窗口，获得飞起来一样的快速增长，需要企业动态革新资源要素的数量和关系，快速迭代自身的商业模式和产品服务，这样才能在激烈的竞争中占领先机。

面对稍纵即逝的商业机会，敏锐的企业家往往出手迅疾，能够捕捉到有限窗口时间内的市场机会。

思科公司的CEO（首席执行官）钱伯斯认为："在互联网经济下，大公司不一定打败小公司，但是快的一定会打败慢的。"这就是非常有名的"快鱼吃慢鱼"理论。一些企业快速满足客户需求，给企业发展带来了很大机会。相对于可贵的市场机会，那些能够把握住市场脉搏，及时准确地进行产品和服务开发的企业才更具有前景。

下面我们再来看看有条件的平衡。所谓有条件的平衡，是指商业竞争促进产品和服务成熟，但替代品会出现打破这种平衡。互联网时代的企业发展有太多可能性，企业的战略方向就显得至关重要。企业进入新的业务领域，经过市场调研、产品设计、产品研发、销售和反馈等环节，由于竞争较少，获得了巨大的收益。马上，一些企业如雨后春笋般进入这个产品和服务领域，随着不同企业的多重竞争，该领域的产品和服务趋向成熟，处于相对稳定的商业状态。如果某家企业重新找到了这种产品和服务的替代品，在保证体验和价格等优势的前提下，又开发了新的市场需求，那么原先的产品和服务就会日渐被取代。

实际上，企业、客户和员工之间动态的平衡，往往代表着利益和成本达到最优配置。这种平衡状态将持续一个阶段，然后有新的力量、要素和资源出现，打破这种平衡，然后进入另一个竞争和合作交织作用的过程，直至形成新的平衡。

二、动态平衡的具体内容

第一是战略目标与企业实力之间的平衡。企业在发展过程中，需要考虑自身的综合实力与自身战略目标之间的平衡关系。如果企业战略目标与自身实力存在一定差距，那么需要寻求某种解决方式来弥补企业的短板，达成新的战略和资源配置的平衡关系。以保健品快速爆发的巨人集团，不断扩展自己的业务外延，然而成本和收益难以得到平衡，所以当资金链条难以为继时，庞大的巨人集团轰然倒塌，走向了衰败。

第二是组织目标与员工意愿之间的平衡。在考虑对组织实行赋能后，组织内部的各项要素、资源都将处于被激活的状态。此时，组织活力被释放出来，同时也带来了组织系统运行的复杂性。这种复杂性一旦朝着不利于企业生存和发展的方向演化，后果将是致命的。

实际上，一旦我们宣称要建立智能组织，那么组织内部的很多个体将蠢蠢欲动，这些个体由于能力素质、资源要素、机遇等存在很大的差异，智能组织对于成员个体的意愿能动性是难以准确把握的。此时战略目标就显得尤为重要。只有企业内部具有唯一且共同的战略目标，每个个体才会自觉寻求个人意愿与组织战略目标的最大公约数，从而在为实现组织目标做出自身贡献的前提下，实现个人自我价值。

第三是短期与长期之间的平衡。毫无疑问，企业应该追求长远目标的实现。但是如果短期目标对长期目标具有很强的决定作用，那么我们应该首先着眼于短期目标。比如企业面临资金短缺的问题，如果不能渡过这个难关，后续发展将无从谈起，这时即使要交出一定的企业运营权，也需要吸纳资金以解燃眉之急。总体来说，短期目标要服从于长期目标，根据长期目标确立的方向前行。另外，长期目标在指导短期目标的过程中，也需要根据形势任务的变化动态地进行调整，不能任由长期目标失效或者出现严重偏差而不管。

　　第四是客户与利润之间的平衡。企业经营有个悖论：如果产品和服务赚取的利润过多，那么客户就会流失，转而寻求一定的替代产品和服务。对于企业来说，如何平衡获取利润与维持客户的关系，是个非常考验智慧的难题。特别是对于小众行业内的企业而言，参照系比较少，企业需要依靠自身的智慧来开拓市场并吸引客户。最好的结局是既获取利润又维持客户增长，但如果客户与利润之间存在矛盾，那么为了维持客户的可持续价值，企业应该牺牲一定的利润收益。

　　第五是量化与非量化之间的平衡。很多人以为经济组织一定要以量化数据为准，但是企业是个复合的生命体，本身有其能够量化的层面，也有不能精准量化的东西。比如我们花费了很大的精力和资源培训新员工，或者对员工进行任职教育，但在培训与不培训、培训时间长短等问题上根本难以形成定论。如果说培训效果很好，那么是否应该持续进行培训，进而不断加大培训的投入呢？答案是否定的，这就涉及投入与产出的平衡。企业既要通过一些量化指标来分析趋势、现状，又要考虑非量化层面的各种可能性，绝不能唯数据是瞻，仅仅根据数据进行重大的判断和决策。

三、企业如何保持动态平衡

对于智能组织而言，由于个体意愿、资源要素配置方式、战略目标实现之间是不对等的，因此我们需要通过一些方法和手段，保持三者之间的动态平衡。那么，怎么才能保持这三者长期处于动态平衡状态呢？

首先，组织内部要开放。企业处于开放的状态，其各种资源要素的流转就是动态递进的，这样就避免了资源要素向某些部门、某些人的倾斜，从而保护了大多数人的积极性。现实操作中，很多公司在运营一段时间后，都需要变革组织架构，因为组织架构只有不断调整，才能获得更多的生命力。更重要的是，企业需要不断招聘新员工，以更新组织的"血液"，吸引更多具有蓬勃活力的要素加入，带动企业产生更多的交互式发展。

其次，组织环境要具备动态适应能力。企业生产活动是个系统工程，企业经营过程是个混沌系统求解的过程。智能组织只有在面对高度不确定性的复杂环境时，才是最有效的组织形态。如果环境非常确定和简单，那么智能组织有时反而不是首选。比如在解决挑水的问题上，3个人谁来挑水就是一个难题。而3个人由于不存在明确的群体理性，往往受到某个个人的影响而发生改变；如果是300个人解决挑水问题，那么进行适当的群体分工就可以有效解决。也就是说，面对复杂多变的外部环境和任务目标时，组织必须提升自我调节和适应外部变化的能力。

再次，保持平衡的收敛性。企业运营过程中存在很多的风险，这些风险有些是全局性的，有些是局部性的。我们需要区别对待，重点保证全局性风险的消解和局部性风险的转化。当风险不可调和时，首先根据一定的风险阈值来止损，千方百计地化解风险带来的不利影响，甚至在必要的时候直接摒弃存在风险的业务，从而避免企业资源无谓的浪费和损失。当企业内部资源不够协调、运作过程难以保持平衡时，需要考虑各种因素的优先级，并在可接受的风险范围内运行。一旦风险超出预期阈值，就要对企业进行深入的革新，以趋利避害、有效地保持收敛性。

第五章

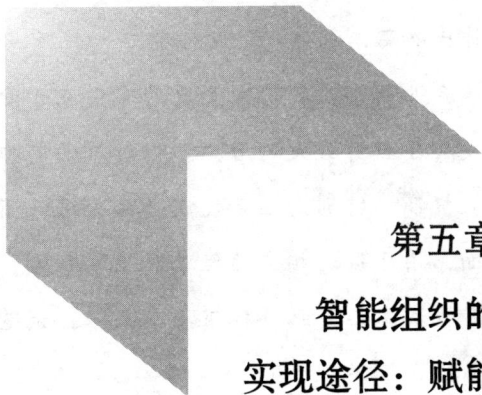

智能组织的
实现途径：赋能

众多的传统企业如今如坐针毡。它们面临的窘境在于，既对当前面临的各种风险机遇有所认知，却又不清楚自己应该怎样作出改变，以更好地应对。

　　传统企业效率比较低，主要的窠臼在于管理团队感到每个人都发挥了自身最大的潜力，但员工的工作效率依然难以得到有效提高。特别是在开发新产品、进入新领域、提供新服务方面，由于缺乏相应的经验和技术积累，往往需要负担较高的开发成本，一旦目标市场不买账，大量的投入将变为企业的负担。

　　更麻烦的是，决定开发某种新的产品或服务，本身就具有一定的机会成本，即意味着能够用来开发别的产品和服务的资源被使用或挤占。此时别的项目难以上马，或需要推迟实施，往往导致项目失去发展的战略窗口。因而就可能出现一定的负向循环，即企业因为战略选择失误而损失，又因为损失而无法实现更多更好的战略选择。实际上，企业的资源一旦陷入零和博弈，即不是此赢就是彼胜的境地，往往就是企业出现很大问题的关口。后续的结果就是，企业难以有效解决发展过程中的问题，且问题将不断积累。

这些企业需要将传统的组织改造成智能组织。那么，在从管理型组织改造成智能组织的过程中，企业应该采取什么样的方法呢？当管理的方法不能有效配置资源时，赋能的方法被越来越多的企业所采纳和实践。实际上，赋能是解决不确定性问题最有效的一种策略。

　　所谓赋能，就是将调动资源要素的权力下放给组织内的每一位员工，员工在共享任务目标和数据信息的前提下，对任务自行解决的过程。

　　可以说，智能组织与管理组织在很多层次上是不同的。比如在战略目标的共享方面，智能组织往往非常开放，成员间能够充分理解和把握企业战略目标；而传统的管理组织的成员往往并不知晓企业的战略目标，更遑论如何根据目标行动了。再比如在信息资源的流通方面，智能组织的每个人都能方便地获得全部信息资源；而传统的管理组织存在部门隔阂，信息在不同的部门、不同的业务群内是不怎么流通的。因此智能组织和传统管理组织对信息的利用效率就不同。

　　在企业打造智能组织的过程中，需要树立统一的目标愿景，然后通过合理配置人力资源，达到高度的激励效果，将组织的运行方式从管理变为赋能。

　　实际上，实现企业的共同愿景就是在激发组织的动力，而自我激励解决的是个人动力的培养，人力资源配置解决的是推动组织强健运行的关键力量。在保证充足的组织动力的基础上，企业自身确立科学合理的战略目标，然后由组织选拔人才，与人才自我激励交互促进，将管理制度、体系转化为赋能制度、体系。

那么，到底应该怎样建立共同的企业愿景？怎样配置人力资源？怎样激发组织内员工的动力和创造力？本章前三节将分别回答这些问题，第四节则对赋能的整体过程进行阐述。

第一节　愿景的同一性

　　组织赋能虽然是应对互联网时代和未来智能时代的组织变革的途径，但并不妨碍我们从过往的智慧中汲取营养，以丰富和发展组织赋能的理论和实践。从以往典籍、著作中找到有益的论点或证据，是我们进行组织赋能方法研究的重要基础。

　　中国古代典籍对于群体共同目标的巨大作用多有论述。《周易》中写道："二人同心，其利断金。"这句话的含义就是两个人同心同力，所能产生的力量是很大的。《孙子兵法》中写道："上下同欲者胜。"这句话说的就是国君、将军、士卒、民众，同仇敌忾、上下同心，就一定能够取得战争胜利。而俗语"三个臭皮匠顶个诸葛亮"则是说，三个不聪明的人围绕一个目标发挥各自的才能，能够达到胜过一个聪明人的效果。

生活中，我们也会发现很多团结一心或目标一致产生巨大力量的例子。比如一根筷子非常容易被折断，而一把筷子却并不容易被折断。再比如拔河比赛时，如果队员能够根据指挥的节奏发力或者防守，每个人的力量都汇聚在一起，就非常容易获得胜利。还比如电子企业通过各个环节的分工合作，就可以生产出技术密集、型号复杂的电子产品。

大自然中，蚂蚁并没有特别发达的通信系统，但为什么蚁群能够创造出规模宏大的蚁窝结构？此前的一些实验表明，蚂蚁窝能够达到几米深、几十平方米那么大。既然蚂蚁间的通信并不频繁和深入，那如此巨大复杂的蚂蚁窝是如何造出来的呢？

实际上正是依靠蚂蚁自身生存的本能来实现的。很多蚂蚁根据分工来完成自己的事情，它们之间并没有复杂的通信方式。它们根据本能来建设蚂蚁窝，当然这种本能是以共同的生存目标为基础的。实际上，正是因为一只蚂蚁完不成复杂的建设工程，所以它们抱团开展工作，通过目标的一致性来达成行动的一致性，进而产生巨大的成果。

概括起来，智能组织的愿景同一性是指组织具有相同的目标，主要包含两方面内容：一是战略目标一致，二是定位一致。战略目标一致就是所采取的策略具有同步性、类比性。定位一致就是目标具有同向性、匹配性。战略目标一致和定位一致是统一的，它们可以互相成为前提和方法。战略目标一致，就能在定位一致上达成最大公约数；定位一致，就能在战略目标的牵引下持续保持正确的方向。比如阿里巴巴的战略目标是"让天下没有难做的生意"，而其定位则随着企业发展先后确定为电子商务生态系统、互联网经济体等。再比如微软的定位是"让每个家庭桌子上都有一台电脑"，随着时代和技术的发展，它分别也有对应的大战略目标和很多的子目标。

一、战略目标一致

对于智能组织而言，要发挥良好的组织功能，首先必须保证战略目标是一致的。战略目标一致是企业管理中非常重要的原则，是指战略在一层层地分解后，应该与总体战略是一致的，而不是分战略与总战略矛盾。

日本学者中松义郎在其著作《人际关系方程式》中提出了目标一致理论，表达了与之类似的观念。这个理论的大意是，处于群体中的个人，只有在个体方向与群体方向保持一致的时候，个体能力才会得到充分发挥，群体功能的发挥也才会达到最大化。如果战略不一致，那么各个成员用力的方向不同，会带来很多无谓的内部损耗，造成组织运行的低效低质。

日本著名的马拉松运动员山田本一曾经两次夺得国际马拉松比赛的冠军。很多记者问他成功的秘诀是什么，山田本一总是回答："凭智慧战胜对手！"

实际上，马拉松比赛这样的体育项目，人们往往聚焦于体力、耐力和运动技巧这些因素，如果说是依靠智慧战胜别人，多少有些让人费解。于是，很多人以为山田本一在故弄玄虚。直到很多年以后，这个谜底才被揭开。

山田本一在其自传中说道：每次比赛前，我都把比赛路线查看一番，将沿路醒目的标志记录下来，比如第一个标志是一家银行，第二个标志是一棵大树，第三个标志是一座大楼等，一直标记到比赛路线结束。

比赛开始后，山田本一先以最快的速度冲向第一个标志，然后以最快的速度冲向第二个标志，接着冲向第三个标志，一直按照相同的做法跑向终点。

通过将 40 多公里的路程这一总体目标，分解为很多个小目标，使得山田本一在高效达成小目标的同时，也在快速接近总体目标。而且，在此过程中，山田本一并没有感到厌烦或疲惫，反而非常轻松。他在自传中写道：如果我一开始将终点作为自己的目标，那么走到半路可能就疲惫不堪，被前面的漫漫长路给吓倒了。

这个故事告诉我们，战略目标在具体落实过程中需要分解。一个人在办一件事的时候，需要制定最终目标，但也需要确立阶段目标或者分项目标，这样目标才能在具体落实中起到很好的引领作用，帮助我们获得成功。实际上，无论是确立整体目标还是阶段目标，都要以能够完成为前提，如果一项目标根本不具有可行性，那么这样的目标本身是不合理的。

下面，我们再来看看智能组织应该如何实现战略目标一致？

商场如战场，企业是否应该将战略目标和分解而来的阶段目标向所有员工公开？如果企业战略目标公开，引起了战略目标的外泄、流失，甚至模仿和针对性竞争怎么办？对于智能组织而言，答案是肯定的。智能组织需要将战略目标作为一种企业文化持续地灌输到成员的观念中，这样才能促使成员在战略目标的框架内思考、分析和解决面临的问题。也就是说，智能组织由于目标高度一致，成员将严守战略秘密。

同时，智能组织也需要将分解而来的分阶段目标和具体的小任务，与员工共享。这样一来，每位员工在特定信息保障的前提下，随时都能作出实现小目标和完成小任务的举动，组织效能就会得到提升。

二、定位一致

智能组织要具有相对一致的定位。这里的定位对企业来说主要指竞争战略，说白了就是一种适合本企业的独特的工作方法。实际上，智能组织由于是由成员自行作出决策、自行组织行动，因此保持相同的工作原则和工作方式十分重要。如果工作的原则和方式不同，不同的成员在进行工作的过程中，将会产生较大的差异性，从而带来很多不必要的工作损耗和失误。

另外，保持一致的定位，有利于凝聚员工力量，更好地衔接工作，减少工作过程中的断档。智能组织的效率会因成员工作的连续性得以提高，也会因工作断档、缺位、运行混乱等降低。

美国西南航空公司是美国历史上持续盈利时间最长的航空公司。它在 1971 年成立时，同行对它推出的廉价航线不屑一顾。而西南航空公司的定位非常明确，就是通过成本优势来获得竞争中的领先地位。现在看来，这种定位是明智和可行的。

当时，美国西南航空公司采取了几项看起来自缚手脚的措施。

第一项是美国西南航空公司运营的都是点对点航线，只在一些大中型机场经营，这些机场能够提供足够的客流量。

通过密集的航班设置，旅客减少了改签的麻烦，即使误机也能够方便地坐上一个小时以后的另一班飞机，因此给顾客提供了便捷的出行服务。

第二项是美国西南航空公司大力提高始发到达率，即大部分旅客不需要中转或经停，而是直接到达目的地，方便了旅客出行，给旅客带来了很好的出行体验。

第三项是美国西南航空公司只运营波音737的变型飞机，在提高飞机的利用率上效果显著。另外，它们还不断提高飞机的节油效率，有效地节省了很多运营成本。

第四项是服务质量好。美国西南航空公司不遗余力地培养和留住优秀的员工。通过低底薪和高绩效的工资体系，激励员工发挥积极性为乘客提供优质服务，加上不断提供培训和其他福利，让员工努力发挥自身的创造力，为公司的发展出谋划策。

第五项是不为顾客提供飞机餐，也不开展托运业务。因为这两项业务费时费力，会带来大量的人力和资金成本。

美国西南航空公司采取的这些措施看起来不合常理，甚至在达美航空、美国西北航空公司等看来运营不够规范。但美国西南航空公司坚持定位一致原则，始终追求成本领先，并随着业务开展不断进行成本控制和成本优化，获得持续的成本优势。

2005年美国航空业整体亏损达到100亿美元，而美国西南航空公司不仅没有亏损,还持续盈利,让竞争对手刮目相看。如今美国西南航空公司就载客量而言已成为美国第二大航空公司。

下面,我们再来看看智能组织应该如何实现定位一致?

要加强员工能力素质的培养。通过员工理解战略、运用战略能力的提升,不断促进企业战略运行的传承性和连续性,保证企业的工作衔接。要推行定期培训和业务培训,引导员工加强进修,提升处理工作事项和整合工作流程的能力。

当然,企业的战略定位本身就应该保持一定的稳定性。只有稳定的企业战略才能积累起强大的战略势能,带给企业正向的发展力量。要顺应形势发展改进企业的战略定位,但这种改进应该是跳跃式而非连续式的。

企业战略定位在一个相对较长的时间段内发挥作用之后,难以继续应对未来的企业发展,此时就需要对企业战略定位进行更新。企业定位更新的方向是在现有的基础上,紧盯未来技术和服务的潜在发展方向,通过技术来实现产品和服务的升级迭代和改造。

第二节　守好第一道门

中国有个成语叫揠苗助长。揠苗助长是不符合科学规律的管理实践，是对管理理论的错误认识。揠苗助长的人错误地以为，如果人为地设置被管理者的高度，就能够获得相应的实际高度。赋能并不是揠苗助长。赋能是基于合理基础即有效信息和有效互动，进行科学决策的实践方法。赋能是根据组织结构和组织运行方式来提升组织实践效能的方法。

赋能有四个层次，由低到高排列分别是：个人赋能、组织赋能、群体赋能、社会赋能。个人赋能很好理解，是对个人能力的动态化跃升。组织赋能就是类似企业这样的组织，获得去中心化决策优势的过程。群体赋能是对若干个群体的运作方式进行改造，从而带来群体运行效率的提高。未来智能时代，很多机械化、工序化的操作将由机器人来完成，只有创意化和个性化的工作需要人类完成。这时，商业的主要形态将聚焦于服务更多个性化的需求，这就是终极化的赋能——社会赋能。

我们讨论的主要是组织赋能，而组织赋能通道的终端就是群体赋能和社会赋能。因此，基于社会形态的变迁，我们认为组织赋能应该将以人的创造力赋能作为基本方向。

未来智能时代，企业创始人需要怎样的合伙人？而传统企业打造智能组织又需要怎样的员工？

一、创业者寻找赋能型合伙人的若干标准

我们先来看创业合伙人的问题。在创业过程中，个人资金和资源力量难以达到所需的条件，同时也为了分担责任和摊薄风险，往往需要招募合伙人进行合作。创业者在找寻合伙人的过程中，需要衡量合伙人是否具备建设智能组织的能力和潜力。只有具备在组织内进行赋能的素质，创业者才能将其作为合伙人。那么，如何选择能够适应智能组织的合伙人呢？

第一，是否具备经营管理经验。合伙人具备经营管理经

验时，需要考虑创业领域的发展前景，根据发展方向来分析行业内最为重要的领域，并提取出相关的素质关键词，比如创新、体验等。这时需要考虑合伙人对经营管理的动态发展是否敏感，如果敏感且能提出一定的应对措施，那么就是可选的合伙人，反之则不可选。

第二，是否具备技术创新能力。技术创新能力在未来智能组织中居于基础位置，因此我们需要考虑合伙人是否具备一定的技术理解、技术思考和技术研发能力。如果具备相应的技术创新能力，那么就是更具潜力的选项，反之则需再考虑其他更多因素。

第三，是否具备发展潜能。良好的合伙人本身具有很强的发展潜质，如对未来趋势的把握、自身素质的提升、对机遇的敏锐洞察、对挑战的高效应对等。这些潜质将给创业成功带来非常强的助益。

第四，是否具备企业家品质。企业家品质是创业成功的基石。创业合伙人是否具备良好的企业家品质，体现在创业的方方面面，包括对产品和服务开发的执行力，对宣传、推广和营销等的实践包容性，对未来企业发展的目标和定位认识的程度等。这些方面层次的高低，反映了创业合伙人的创业素质，对创业成功与否往往有重大影响。

第五，是否具备风险抵御能力。这一点非常关键，很多创业合伙人由于难以承担巨大的风险，会在风险出现或者降临后，不顾一切地抽身撤离。这种行为对于创业者往往是非常致命的，很多企业在投资合伙人撤资后，走向了失败。创业者需要寻找的合伙人，应该是在一定限度内保持对创业的坚定信心，能够与创业者共渡难关的人。

二、传统企业寻求具备赋能潜力员工的条件

传统企业往往面临招聘难题。一方面，传统企业很难招到大量优秀的员工。大部分优秀的技术和管理人才进入了高科技公司、互联网公司，留给传统企业的人才池本身就不够大。另一方面，顶尖员工的数量较少，又反过来对传统企业发展造成了不利影响。企业发展靠人才，如果人才难以聚集，那么企业的发展将面临很多困境。那传统企业应该如何打破这个桎梏？

从现实情况看，一些传统企业所支付的薪酬福利标准并不低，甚至比一些高科技企业部分岗位的薪酬还高。为什么高支付度却换不来高忠诚度和高吸引力？主要原因是组织内部的运行存在弊端，难以释放员工的潜力，无法给员工带来成长空间。因此，要解决招人才难、留住人才难的问题，要从多个方面作出调整和变革。

第一，需要变革自己的组织架构，向扁平化的结构转变。传统非智能企业要设立有利于沟通的组织体系，特别是领导者与员工要保持一定的连接性，这样领导者才能更敏锐地获

悉企业第一线的情况，然后根据这些情况对企业的战略进行一定的变革。另外，扁平化组织的优势就是效率提高非常快，因此减少了任务流转过程和该过程中可能产生的偏差。在搭建扁平化组织的过程中，需要考虑自身业务的领域和方向，然后根据一定的职能来设置组织结构。

第二，需要给予员工一定的价值期许。员工对一家企业的需求绝不仅仅是薪酬福利，还有对自身价值实现的期许。这种期许一旦得到合理的触发，在实践过程中能够发挥巨大的能动作用。现实生活中，很多领导者对员工有知遇之恩，实际上就是领导者对员工自身的价值进行了发掘和利用，帮助员工实现了自己的心理期望。

第三，需要交给员工高难度的工作任务。对于企业来说，提高对员工工作标准的设置，能避免出现人力闲置或人力浪费的情况。这不是压榨员工劳动价值，而是在合理范围内实现员工个人成长的过程。对于具有惰性的员工而言，企业对其激励是双赢导向的。

第四，需要引领员工成长成才。很多企业在由小到大发展的过程中，初创人员本身的起点并不高。在推动企业发展的过程中，他们的实践经验积累得越来越多，从而带来了能力的迭代发展。因此，好的企业需要带领员工一起成长。企业要打造智能组织，就是要在给员工赋能的前提下实现企业发展。

第五，需要保证专人专用、任人唯才。要让专业的人干专业的事。这里的考量主要是，通过专业人才来推进专业领域的发展，实现这些领域的快速迭代，获得该领域的核心竞争力；同时在任务目标实现的过程中，提高专业人才的利用效率。对于一家企业来说，要培养、形成和保持企业的核心竞争力，应该保证产品和服务的专业度，这样才能给用户带来更好的体验，满足用户更深层次的需求。

三、打造智能组织的方法

对于不同管理结构的企业而言，打造智能组织，需要分别施策。管理结构臃肿的企业，需要进行内部结构改革，将大量的机构根据业务、功能和产品等进行分类合并，收缩管理面的覆盖范围，推进内部融合，实施功能整合，减少不必要的管理成本。管理层级太多的企业，需要缩减管理层级，将管理的长链条打造成去中心化的结构，开展技术培训和业务训练，将大量冗余的管理力量调整到业务岗位，改善企业的组织效率，避免出现管理低效。

对于传统的企业和其他小微企业，管理结构往往比较简单，一些管理岗位设置、管理职能划分、管理制度机制都不尽合理，特别是这些企业基于实用的原则开展的管理活动，可能因管理者、员工相互之间的博弈而产生并不科学的管理机制。比如一家企业有几十名员工，从事的工作基本一样，企业为了管理好这些员工，需要再设置一名管理人员对这些员工进行管理。随着管理活动的进行，一些员工开始通过各种方式贿赂这名管理人员，以获得少上工、多收益的效果。为了解决这种情况，企业可能会将员工分成小组，由不同的小组长分别带领，同时引入竞争机制，实施奖惩激励，于是活力和创造力有所提高。实际上，管理者一个人管理所有员工本身的工作量巨大，管理效率不见得高。而管理结构的扁平化，需要有一个前提：尽量缩短管理链条，但管理领域的细分需要保留。如果达不到管理细分就实行管理直达，那么毫无疑问，管理者将陷入繁复和无意义的管理重复中。

当然，打造智能组织并不是一味地收缩组织架构，而是需要根据具体情况进行处理。前面讨论智能组织精简机构，主要是考虑一些传统企业管理机构臃肿的情况。如果行业形势和业绩都保持高速增长，那么扩大自己的组织架构本身没有问题。这些企业要打造智能组织，首先需要变革自己的结构，然后高效配置其他资源和要素。

第三节　自我激励的方法和标准

我们在第四章智能组织的发展原则里面，曾对自我激励的意义和实现条件进行了阐述。这节我们将从实现自我激励的方法和标准层面进行讨论和分析。

一、实现自我激励的五种方法

第一种方法是跳出能力舒适区。能力舒适区是在工作过程中形成的相对稳定的能力范围，在此区域不需进行过多的创造性活动就可以应付日常工作。每个人都具有不同的舒适区，比如有的人对协调沟通游刃有余，有的人开发代码非常出色。大部分人都有待在自己能力舒适区的行为惯性。要实现自我激励，就需要跳出能力舒适区，不断拓展能力范围，达到更高的能力层次。

跳出能力舒适区的方法有很多，这里介绍几种较为实用的方法：一是加强常态化学习。加强学习会使自己的认识盲区不断缩小，带来个人认识和观念的提升，这是提升能力素质非常基础的方法。当然学习也有技巧，比如先学习自己感兴趣的内容，然后补充学习个人知识体系上的短板，这样可以保证学习效率。二是加强能力训练。很多能力都是遵循用进废退规律的，要保持和提升能力需要不断加强训练和培养。比如采取重复训练法进行记忆训练，即训练者给被训练者朗读一段文字，如果被训练者能够完全重复下来，那么就由训练者朗读一段更长的文字，继续由被训练者重复，如果重复完全正确则继续增加文字的长度。随着这种训练的进行，被训练者的短时记忆能力就会提高，随着训练时长的积累，被训练者的整体记忆能力也会提高。三是加强工作锻炼。工作过程需要多种能力共同发挥作用，因此在任务的落实过程中提高能力，往往效果比较好。比如选择更加难的工作任务，通过完成任务来达到提高个人能力的目标。

第二种方法是加强时间管理。时间管理已经成为现代人的基本生存需求。时间的使用效率往往与组织和个人成就的高低相关。因此，要实现自我激励需要高效地管理时间。具体有两种方法：一种是使用时间管理的程序应用。比如使用手机 App 来进行时间管理，你需要按周对自己的日程列出清单，并且区分每件事项的重要和紧急程度。另一种是根据自身目标设置个性化的时间管理计划。比如这个月你要寻找合伙人，那么你需要联系熟人，还需要与熟人介绍的可能合作的伙伴面谈，当然还需要主动出击寻求陌生的投资者。这些工作内容复杂，工作量也很大，就需要制订精准和详细的行动计划，比如第一周主要联系熟人，第二周至第四周寻求不同平台的陌生合作者，与熟人介绍的人见面。当然，第二周至第四周的行动，也需要区分先后顺序，进而投入不同的时间精力，比如转化率较高的同城平台，需要尽早联系、多方搭线，确保一定的成交量；转化率较低的众筹平台也需要尽早谋划，以便增加成交率。

第三种方法是目标引领。要设立长远目标、中期目标和短期目标。在大目标设立之后，逐步将大目标分解为可以落实的小目标，然后保持毅力坚决落实。通过目标的引领来达成自己工作的愿景，实现个人目标。比如一名服装店主的目标是一年销售收入达到 100 万元，那他一个月的销售收入就需达到 8.4 万元，而每个星期所需达到的销售收入为 2.1 万元，再分解下来，每天大约需要 2800 元。在此目标下，按照每名顾客消费 300 元计算，需要 9 ~ 10 个顾客成交，才能完成目标，再按照每5名顾客成交一笔计算，一天的顾客服务数量需达到50人左右，这样工作目标就非常清楚了。

第四种方法是心理激励。要形成心理和情绪的正向反馈通道，这样一旦遇到事情需要甄别，正向心理和情绪先发生作用，可以避免产生消极的心理暗示。要想实现这一目标，可以从以下方法中选择。比如进行语言激励。经常对自己说一些鼓励性的话语，如我可以做到、我相信自己，这些话语产生的正面力量将帮助我们解决很多心理负面问题。再比如进行心理训练。针对可能出现的精力不集中、容易担忧和恐惧等问题，进行必要的心理训练。很多员工经常产生焦虑心理，需要进行怎样的训练来避免这种情况发生呢？可以通过实现阶段小目标来获得积极的心理暗示。实质上焦虑大多是大脑的信息处理机制出现了混乱，将主要存在的问题进行提取、处理和解决，就能避免胡思乱想。

第五种方法是休闲激励。通过休闲活动来激发个人生活的意愿，将其转化为工作的积极性和自觉性，这是一种生活中常用的方法。比如运动。通过定期的运动，来保持旺盛的生活热情，以及工作的积极性。再比如影视文化体验。通过影视文化作品传递一定的文化意义，启迪和加深人们对于更好价值观和生活观的追求，激发人们提升工作的自觉性。

二、实现自我激励应达到的三条标准

第一条标准是保持工作的正确节奏。这里的正确节奏包括紧迫感和舒适感两方面内容。紧迫感是一种履职责任感的变现，随着责任感的加强，员工会感到完成任务的紧迫感。而舒适感是正确履职应该实现的目标之一，员工采取适当的方式、达到适当的工作要求就会获得一定的舒适感。良好的个人激励应该达到紧迫感和舒适感的平衡，既保持工作方式的舒适感，又保持工作任务的紧迫感，这样就不会产生忽然放松工作要求抑或忽然加快节奏的现象，保证个人良好的工作体验。

第二条标准是勇于竞争和面对困难。在企业运营过程中，竞争不可避免，也随时都可能遇到困难、面临挫折。此时企业要具备一定的韧性，员工则需要具备强烈的竞争意识和攻坚克难的意愿。只有这样，当企业面临竞争和遭遇挫折困难时，员工才能自发地团结起来，通过发挥个人最大的潜力来帮助企业取得竞争胜利、解决各类问题，实现企业高效的发展。对于员工而言，其本身需要保持良好的竞争力，以在激烈的职场竞争中获胜，起码不落败。良好的个人激励会使员工具有解决问题的决心和勇气，具有赢得竞争的信心和资本，这是自我激励最为核心的标准。

第三条标准是具有自制力。实现自我激励的员工需要保持一定的自我约束。绝大多数自我激励措施，都需要员工具备一定的自制力。比如要进行学习或运动，三天打鱼两天晒网，效果肯定不尽如人意。只有好的行为习惯能够坚持，坏的行为习惯以坚强的毅力改正，才能保证自我激励的持续有效。同时，如果自我激励带来的后果是个人不顾一切地达成目标，那么对于组织而言将是一种隐患。只有个人具有自制力，明白什么事情该做，什么事情不该做，哪些事情应该立即做，而另外一些事情可以稍后做，这种自我辨析带来的主动性才是有益的。

总体而言，自我激励并不需要超出工作所需的积极性，也就是说积极性也要适当，同所处企业环境、企业氛围、竞争对手和个人情况相契合。比如你要在一个平时节奏很快的企业当部门经理，这个部门本身工作压力比较大，而你还额外给大家增加了工作负担，对员工任务量和完成时限加码，那么你的个人激励就会给组织激励带来负面作用，对大家的工作积极性并无多少益处。当然我们不是说需要在组织要求中降低标准，而是要把握好尺度，避免激励的弦绷得太紧太满，产生反作用。

三、自我激励与组织激励的交互作用

自我激励与组织激励是相辅相成的。企业在实施激励措施时，应同时运用自我激励和组织激励的方法，通过自我激

励与组织激励的配合来保证激励成果的达成。总体上来看，组织激励能够带动大部分员工保持一定的积极性和主动性，组织给个人提供激励空间，也会让个人更加充分地发挥主观能动性，更好地激发个人潜力。自我激励是个人层面最为有效的激励方式，其不但是组织激励的补充，对于很多人来说也是最为基本的激励方式。

我们先来看组织激励对个人的影响。良好的组织激励机制对于企业而言，可以激发各种资源要素实现良好的配置。组织激励对于每位员工都是重要的，不仅体现在激励产生的工作动力、奋斗意愿和向上心态上，还直接体现在工作完成效率和完成质量上。好的激励将带来良好的工作成绩，反之激励不足或者反向激励则会打击员工的主动性，给员工带来负面的工作情绪和工作状态，从而不利于组织目标的实现。

最后我们来看一下，自我激励对组织的影响。充分的自我激励在组织内表现为高度的自觉性、积极性和主动性，自我激励良好的人对于组织而言具有非常重要的正向作用。如果自我激励不充分，个人工作意愿不足、工作积极性不够、主动性缺乏、自觉性不强的问题就可能随之而来。因此，促进员工自我激励对于组织而言具有很好的带动作用，阻碍员工自我激励则可能降低组织效能。

第四节　从管理到搭建平台

有位教授曾经讲过其对《道德经》中"无为"的理解："无为并不是什么都不做，而是要引导大家，让大家有所作为。"

我的理解是："无为"是不要违背形势乱为，而是要顺势而为、为所应为。当前企业的经营环境日新月异，特别是数字化变革时刻引发着企业形态、企业战略以及企业生存的深刻变迁。随着数字化变革的加深，企业运行的方式越来越需要构建适应数字化时代的模式。在这种前提下，企业的组织形态、组织结构以及运行方式必须做出相应的改变，同时要在过程中不断地更新。

管理者的核心任务是将团队成员连接起来，然后让更多的人发挥自己的作用。互联网降低了人们连接的成本，提升了连接的紧密程度和便捷程度，从而给企业带来了不容忽视的变迁。这种变迁主要体现在组织运行的方式上，特别是在业务开发快速迭代的企业中非常明显。

实际上，数字化时代的企业掌舵者，需要从一名管理者转化为一名平台赋能者，其主要任务将由管理变为搭建平台。

那么，从管理者转化为平台赋能者到底意味着什么？管理者是以管理活动为主要职能，所以管理者从事的工作具备管理活动的基本特征：调控。调控是层级制组织结构运行的基本方式，其弱点是不适应快速变化、具有复杂度和不确定性。而平台赋能者是以赋能活动为主要职能，平台赋能者从事的工作是通过平台给成员赋能，其基本的特征是去中心化。去中心化的网状结构是智能组织结构运行的基本方式，其优点是能够应对不确定性和高度复杂的实践活动。

此外，为什么要将企业的职能从管理转换为搭建平台呢？主要的原因是管理已经难以承载数字化时代快速巨量的数据信息应用了，通过搭建赋能平台，使员工能够根据共同愿景灵活使用数据信息，既能提高数据信息的利用效率获得经济效益，又能避免造成大量的管理成本和数据信息浪费。也就是说，企业赋能不仅是针对个体，而是一种群体操作过程，其实质是要从单一的面对面情景变为平台式批量化交互。

一、赋能平台的基本特点

一是信息动态更新。赋能平台上的信息是有关某项任务的很多具体数据的组合，因此这些数据具有一定的时效性和适用性。针对某项具体的任务，需要准确提取出相关的数据信息，然后通过一定的算法来获得有用信息。实际上，数据信息保有的数量和质量往往对智能组织的成败起着重大的作用。如果数据信息占有量少且准确度较差，进行赋能就等同于做无用功。

二是信息共享共用。赋能平台上的信息是多向分发的，也就是说兄弟单位、合作部门以及能够连接到数据系统的在线用户，都可以实时动态地查询到数据信息的内容。当然要赋能，需要基于共同的沟通规则，这就要求团队在沟通时确立一定的规则，然后督促成员们落实规则，以提升企业信息的流转效果。

三是决策程序化。决策程序在赋能企业内部是公开的，能够被企业内部的成员所周知和利用。赋能平台上的决策是在数据信息、互动机制和决策规则基本平衡的状态下进行的。赋能平台的决策突出程序化操作，甚至决策的大部分内容都是经过企业内部讨论的，这就保证了决策内容的稳定性、可靠性和前瞻性。

二、如何打造智能组织

当企业要打造智能组织时，需要怎样做？答案是为数据信息、互动沟通和决策反馈等各个环节进行赋能。组织系统从管理层级变为网状平台后，企业内部资源得以深度整合，此时企业需要从信息获取到信息传递再到信息应用形成闭环，达到系统化的实施效果。

一是赋能信息获取。智能组织内部的信息是共享的，这样每位有关的员工甚至与之不相关的员工都能够通过数据集成平台获取这些数据。智能组织的数据信息是围绕目标全面公开的，这就为员工独立运用这些数据打下了基础。比如要获取开发某项软件应用的数据，就可以在企业数据中心获得市场调研数据、竞争对手数据、行业基本数据、成本和预期数据等，而项目开发的团队负责人则需要准确全面地把握这些数据，为后期符合逻辑的数据挖掘打下必要的基础。

二是赋能信息传递。智能组织内部的信息传递必须是高效的，这样才能保证数据信息的有效性。实际上，当前在数据信息处理上面临两方面困难：一方面是数据信息海量，短时间内难以准确抽取出所需的有用数据，而数据开发本身工作量巨大；另一方面是数据信息传递存在桎梏，信息在相关方中进行流转难以保证高效而安全。

智能组织内部的沟通是多渠道直连的，所以信息在各方间传输的效率很高。比如要执行某项任务，队员之间需要实时清晰的通信保障，才能保证一名队员寻找到最佳的行动机会时，能够立即投入行动。

三是赋能决策反馈。智能组织内部成员的决策和反馈是去中心化的，决策和反馈随机产生，保证了决策的时效性和精准性。当信息获取充分，且在各方间都达到了同步流转时，及时明晰的决策就成为自然而然的操作。只要信息获取是及时准确的，员工对信息的理解和分析也准确充分，且决策内容是符合科学模式的，那么去中心化的决策就非常有效。当然，赋能决策依然存在失误，这是任何决策都难以避免的，但这种概率非常小。

三、如何改造传统管理组织

接着，我们探讨一下组织的改造问题，即管理组织如何改造成智能组织。实际上管理组织要改造成智能组织，首先需要解决的问题就是管理组织内部的管理结构必须重构，其次是要打造数据信息共享和互动沟通平台，再次是构建科学的决策体系。

一是组织重构。管理组织最大的弊端是层级太多，影响了决策传导的效率。因此要将管理组织改造成智能组织，需要将管理组织内冗余的管理层级、管理力量和管理机制淘汰，建立扁平化的管理层级、高效能的管理力量和简洁实用的管理机制。

海尔在数字化时代到来以后，果断地将企业内部管理的多层级结构进行了改造。海尔去除了很多中型机构和中型管理岗位，从而缩短了管理链条，实现了去中心化的工作方式，提高了反应效率。海尔这些"被下岗"的中型管理者，经过培训和转岗适应，少量调整到总部，大部分人都到基层开展更具创意和活力的工作。

二是信息和沟通机制的构建。在对组织结构进行改造后，需要重新搭建实时共享的数据信息平台，同时要建立必要的适当的沟通机制，比如不再设置严格的部门制，而是设置任务小组、项目团队一类的灵活组织，这些组织之间通过独特的内部能够识别和运用的沟通方式来传递信息。在互动沟通的过程中，企业沟通的机制不断被优化，直至形成实用的交流机制。

海尔建立的共享创业平台，就是将自身的数据信息和资源配置方式共享给广大的小微企业和创业者，让他们能够及时利用创业和企业运营信息，实现自身的运营目标。海尔将自身的资源和数据信息开放给创业者，使得创业者能够及时把握商业机遇，并立即上马具有前景的项目，提高了项目落地的效率。

三是决策机制的健全。在组织架构改为去中心化的结构、建立网络状的数据交互平台后，如何进行决策的问题就突出出来。这时，如何根据数据信息判断时机，分析应该采取怎样的行动，一定要进行演练和研究。根据对这些研究结果和演练过程的修正，后续的实际决策将显得有序而科学。

在与阿里巴巴竞争的过程中，易贝（eBay）中国的高层早就发现了开发中文版本和其他一些功能改进的需求，但当这些需求得到总部批准时，已经是两三年之后了。而阿里巴巴早已对这些内容进行了优化，获得了大量的用户。这说明即使数据信息透明可见，如果沟通机制和决策机制难以匹配，那么企业的运作效率就不高，必然难以适应快速迭代的企业发展。易贝中国后来被阿里巴巴收购也说明了这个问题。

第六章

智能组织的架构

如果把传统企业比作一棵大树的话（大树由根、茎、枝、叶、花等组成），那么企业有创始团队这个"根"，人才、资金、设备等资源这些"茎"，不同业务部门等很多"枝叶"，当然还有诸多不同的产品和服务这些"花"。对应大树生长产生的效益，比如苹果树具有经济价值、木兰树具有观赏价值，企业发展带来的效益就是盈利。这个比喻主要说明的是，企业的组织架构与其他事物的架构一样，是由不同层次、不同组成部分构成的，其最终作用将体现在企业的建设和效益上。

实际上，对于智能组织，我们将其比作一张蜘蛛网可能更为恰当。蜘蛛网的主干线路就是智能组织的底层团队，也就是最核心和初始的成员，其网络指向的不同方向就是企业的不同业务方向，哪根蛛丝上捕到了猎物，对应的就是哪些业务在获利。我们举这个例子是要告诉大家，智能组织的架构与传统企业的架构有相同的地方，但更为突出的是不同之处。

对于传统企业的组织架构，我们应该非常熟悉。它是按照横向上采取科层制、纵向上采取流程化的方式组成的基本架构。但是，对于智能组织而言，网络状的组织架构，则需要更多的要素，比如要有相同的目标任务进行引领，需要共享信息和资源，多种要素协同才能构成最终的组织形态。

数字化时代对商业最深刻的改变在于，商业的形态发生了颠覆性的变革。这是因为，商业环境特别是商业要素的变革，带来企业的组织原则发生变迁，同时企业由管理转向平台搭建，相应地企业架构需要发生深刻而巨大的转变，以提高企业的运行效益。

我们这里说的组织架构，就是指智能组织内部的框架结构及其运行方式。也就是说，组织架构包含两方面：组织的组成要素以及各要素之间的作用方式。说白了，企业的组织架构，就是企业的组织团队和团队运行的方式之和。企业的组织团队是企业团队各层级的构成部分，以及每个部分的具体人员。而企业的团队运行方式是指企业工作流程、运行原则、决策机制等一系列涉及企业运营过程的方法论和实践体系。

探讨企业的组织结构与运行方式，大体上应划分这么几个角度：智能组织的底层基础是什么？创始团队及其合作团队是怎样合作的？组织如何进行智能式的运行？运行的条件是什么？智能组织具有怎样的有效性？

智能组织的组成要素，最基本的是底层平台和团队，也包括智能决策、智能管理等其他内容。搞清楚底层平台和团队的内在特质，对于我们理解智能组织的架构非常有益。

智能组织的运行方式，我们总结为工作流模式。其内涵是工作任务将分解为多个层次、多个领域的自动化过程。工作流包括工作内容流、工作信息流、工作效益流等，下面讨论工作流主要是针对其具体表现形式。掌握赋能工作流的运行规律，对于打造和发展智能组织具有较强的借鉴和示范作用。

第一节　开放、共享的创新平台

　　企业要实现赋能，需要在一定的平台上进行。这个平台就是能够满足开放、共享需求，实现赋能最为重要功能的创新平台。当然，这不是一个具体的操作层面上的平台，而是由不同操作层面上的平台组成的概念平台。说白了，企业的创新平台有很多个，比如研发平台、数据平台、运营平台等。这些平台通过一些平台如战略平台、用户市场平台等连接在一起。所以我们讨论创新平台主要是抽取平台的核心特质进行分析，并不聚焦于某个具体的平台。

一、平台的数据互联互通

自电子信息技术诞生，特别是进入移动互联时代以来，数据信息不断以指数级的方式增长。根据目前被广泛引用的IDC（互联网数据中心）和EMC（一家美国信息存储资讯科技公司，主要业务为信息存储及管理产品、服务和解决方案）联合发布的"2020年的数字宇宙"报告预测，到2020年全球数据均摊到每个人身上，将达到5200GB以上，如此巨量的数据怎样存储和应用变得困难重重。另外，很多分析人士认为，目前数据的存储率仅为1%，即每100GB数据保存1GB数据，而存储下来的数据分析利用率也仅有10%左右。这就是说数据信息的各项应用仍有很大缺口，具有非常巨大的潜力。

庞大的数据信息催生了数据应用商业领域的兴起和发展。根据数据观发布的《2018中国大数据企业报告》，仅贵州省大数据企业就达8900家，全国大数据服务营业额达到100亿元的企业有66家。以BAT（百度、阿里巴巴、腾讯）的大数据应用为例，百度"大数据引擎"与政府、非政府组织、制造、教育、零售、医疗等领域展开合作；阿里大数据已经广泛应用到能源、制造、金融、政务、交通、医疗等行业中；腾讯大数据主要围绕其社交、游戏等业务展开，旗下大数据处理套件和智能推荐两个平台已广泛应用到数据存储、数据分析、数据应用等很多领域。

由于企业各自业务方向不同，其资源聚集的侧重点也不同，相应地连接资源要素的组织平台也就完全不同。但即使是完全不同的业务类型，智能组织有一点是共通的，即平台的数据是互联互通的，能在内部实现最优化利用。下面，我们以腾讯大数据为例，来说明一下腾讯的数据连接情况。

腾讯本身具有强大的数据流量，以其两大核心业务群来看，微信合并月活跃用户超过8亿，QQ电脑端月活跃用户8.99亿，这些用户将产生巨量的数据信息。再加上腾讯系产品本身外接的很多应用，在这样体量的数据处理前提下，腾讯通过分布式数据仓库，建立了大数据资源调度平台。这些数据通过腾讯云、腾讯开放平台等连接在一起，构成了腾讯系强大的数据获取、存储、分析、开发和运用能力，为腾讯业务发展提供强大的推动力和创新力。

现在看来，企业要想在智能商业时代获得发展和进步，需要紧盯数据信息的获取、分析和应用环节，获取到第一手的技术和用户数据，从而占据竞争的有利地位。数据资源时代，企业对数据资源的争夺将越来越激烈。

二、平台的组织架构呈现开放、共享的特性

智能平台需要保持一定密度的数据连接、用户连接和任务连接，以推动赋能过程的末端实现。这是因为智能平台只

有在保证一定的数据、用户和任务流量的基础上，才能获得决策的最优化。换句话说，企业在打造智能团队的过程中，其判断、分析和决策、反馈能力是不断获得、提高和升华的。

只有平台具有开放、共享的特质，平台内的各项资源要素和过程集合才能有更多互动性，从而释放企业被束缚和未开发的潜力。问题在于，如果企业的数据信息对全体人员公开，对智能组织有益吗？实际上，大部分信息对组织赋能并没有多少直接作用，除了承担决策和反馈触发点的一条或若干条信息以外。

以开发者层面为例，腾讯大数据的基本应用有三个方向：第一个是分析，即对自身业务进行实时的统计、分析和呈现，包括对腾讯系产品，比如微信小程序、QQ游戏等的数据分析，为产品决策提供便利；第二个是工具，即为开发者提供稳定高效的推送工具，比如"信鸽"、云数据库等，帮助开发者快速开发应用；第三个是平台，即通过海量数据支撑与千亿级的社交平台进行连接，提供智能推荐、全流程的数据化处理平台。

由此可以看出，腾讯在开发者层面的数据实时共享、互联互通、即时对接，为腾讯本身扩展了发展平台，同时能够孵化出更多具有发展潜力的应用和服务，进一步提高企业对信息这种资源的利用效率。

实践发现，将信息全公开产生的效益要比公开部分信息的效益高。因为如果信息未完全公开，一定有人通过某种直接或者间接的方式来获取信息，从而引发内部不必要的竞争和不信任关系；而信息全部公开后，大家按照公司既定的规则高效应用，无须再打优先获得数据信息的"主意"。

三、企业目标通过平台共创实现

所谓共创就是每位员工都参与创新创造。从字面上理解，共创包括两方面内容：共同参与和创新创造。这个"创"的方向，可以是企业运行的各个环节、各项内容。这就是说，企业在智能平台上，将实现全方位、立体化的创新发展和价值创造。

当很多创业者涌入房地产装修领域时，有的企业选择通过共创的模式服务装修公司，进而给居民带来良好的服务体验。由于当前房地产市场依然热度很高，大量资金、服务和人才进入房地产装修市场，但装修公司水平参差不齐，装修同质化严重、标准化程度低等问题依然困扰着广大的房装家庭。这就是说，房地产装修领域的发展并不规范和成熟，优质服务对于大众而言仍然可遇不可求。

有的企业提出了这样的目标：共创 10000 家值得信任的家装企业，实现 1000 万个家庭的健康居家。其采取的主要方法是招募合伙人，然后由合伙人帮助家装企业进行运营，进而改善家装企业的服务质量和效益。这些合伙人本身就是各个家装业务领域的佼佼者，具有相应的能力和资源。

在此前提下，通过对这些合伙人进行培训，在当地建立微基地，服务当地有提升业绩和用户好评度需求的中小家装企业。合伙人为家装企业提供深度运营内容体系的服务，顾客获得良好的健康家居服务和产品，用户黏性不断提高，家装企业因此获得高利润率的回报，合伙人则获得项目分成收益。这样合伙人在不进行先期资金投入的基础上，能够共享企业业务半径内甚至全国的家装市场。

当然，一个地区或者城市的家装市场是有限的，家装企业能够分的一杯羹也有天花板。而企业可以通过利用自身平台的力量，在全国建立产业化、标准化的家装品牌，进行品牌化、规模化经营，为家装企业开拓异地市场，分得异地家装市场的用户流量，解决中小家装企业发展的问题。

这种项目最终能够实现到哪种程度我们还未可知，但这种共创的企业运行模式代表了未来智能组织的发展方向，因此其具有较强的生命力和活力。

第二节 网络化、可拓展性的协同团队

中国有句名言："为政之要，惟在得人。"在商业领域，人才同样重要且关键。但凡发展快速且持续进步的企业，都有才能卓越的领导人和能力卓越的人才团队，这些人通过发挥自己的才能推动企业长足发展，既树立了良好的品牌形象，又获得了良好的投资收益。

互联网时代，商业不再局限于固定区域，而是通过网络连接覆盖到任何具有市场需求的区域，因此从客户需求上来看，企业需通过网络化的结构来扩张市场和保持市场占有率。

加之，为适应数字化智能时代的发展，提高组织运行的效率，网络化的团队就成为智能组织的标准配置。

另外，企业的发展战略需要高速更新迭代，组织结构和组织方式也需不断变革，可拓展性就成为企业必须具备的特质。当然，企业要发展网络化和可扩展性的前提条件，是组织内部的高效协同。只有良好的组织协同，才能保证企业团队运行的高效和顺畅。

一、团队信息架构以网络化为基础

经过最近半个多世纪的发展，数字化浪潮席卷了世界每个角落。人类已经与电子信息紧密地联系在了一起。如果说过去人类是处于纸质信息时代的话，现在已处于电子信息时代，人类的社会交往开辟了新途径——网络空间交往。

企业是一种复合互动系统，它既需要内部成员之间进行沟通，又需要与目标市场、消费对象进行信息对接，还需要与商业环境、竞争对手进行信息博弈。因此，企业对于数据信息的依赖更强，需求更多，其对数据信息的运用程度更关乎企业的生存和发展。

目前，对于大多数互联网企业和一部分已经布局转型的传统企业来说，企业核心团队的信息架构大致是这样的：底层是数据基础层，基本上是以大数据平台为依托，围绕自身业务领域建立的独立数据平台，用来处理自身所需和相关领域的数据信息业务，这层是企业战略的支撑部门，其职能是为企业发展提供所需的市场、政策、技术等各方面的信息；中间层是企业产品和服务，与搜索平台和电商平台建立战略合作关系，直接为这些平台上的用户提供自身的产品和服务，这层是企业网络化的外联机构，承担着为企业引流的重要作用；顶层是企业与互联网企业或者互联网业务建立合作关系，共同开发相应领域的产品和服务，或者借助互联网平台来实施自己产品和服务领域的"互联网+"，这层以企业研发和服务部门为主，其主要职能是为企业开发新业务、新产品，进而开辟新市场，寻找新用户。

观察上述架构可以发现，其核心在于团队的网络化，通过团队之间网络化的连接、交互和创新，企业产品和服务得以升级、变革，然后拓展出触达用户需求的更多渠道，最终实现企业的业绩提升。对于企业而言，领导团队与各业务团队本身就交织在一起，领导团队的成员可能是某个业务团队、项目团队的带头人，而业务团队的人员也可能是领导团队的人员。所以这种身份、职能、结构和连接方式的复合式交互，使得企业内部人员的资源和能力得到充分发挥，提高了员工的工作效率。

二、组织与用户网状直连

企业与其他对象的连接，最为根本的是企业与用户之间的连接。那么，企业与用户通过怎样的连接才能达到效率最优呢？

传统的手工业时代，企业与用户是面对面的即时交易，其本质上是瞬时连接关系；机械工业时代，实现了特定区域内企业与用户的连接，在企业营销渠道能够覆盖到的地方就可交易，其本质上是区域连接关系；数字时代，企业与用户实现了跨区域、跨时间的连接，只要有数字网络平台就可以进行交易，其本质上是线上全时连接关系。当然在商业发展的过程中，每一个阶段都是在先前模式上的进步，而先前模式依然非常普遍地存在着。这就是说，高级商业模式会向下兼容低级的商业模式，而低级商业模式会不断向不同的高级商业模式进化。

以美团为例，我们看看它是怎样与用户进行连接的。

消费者小刘想要购买一束鲜花送给在异地工作的女朋友，于是他打开经常使用的美团 App 来搜索相应的服务。在他打开美团应用时，弹出了今日头条软件的广告，小刘被广告吸引，进入今日头条软件。他搜索了送花的内容，今日头条不同的内容创造者为小刘从多个角度和层次了解送花的学问提供了便利条件。

小刘后来返回美团 App，根据今日头条关于送花学问的内容建议寻找到了合适的鲜花上门送货服务。下单后三个小时，鲜花快递员按响了小刘女朋友家的门铃。女朋友收到鲜花后非常开心，通过京东 App 为小刘购置了一款智能游戏手柄，并在今日头条上写下了收到鲜花后的心理感受，为其他人提出了鲜花选购建议。

从上面的案例可以看出，美团、快递、今日头条、京东等企业与小刘及其女朋友构成了一张网络化的关系连接图，这张图上既有服务方又有不同的需求方，同时还有中间平台发挥桥接功能。实际上，这种不同对象相互连接的形式就是网状直连。总结起来，组织与用户网状直连具有以下特征。

第一个特征是组织之间本身的连接。这种连接可以是平台式的集成资源，比如美团上可以连接诸多不同品类的商家；也可以是内容衔接、产品上下游之间的连接，比如提供知识的平台今日头条与运用知识变现的平台美团；还可以是营销推广的连接，比如不同应用的互推和广告。

第二个特征是用户本身的连接。用户由于具有某种相似的需求，因此产生了天然的匹配，加上需求满足后产生的关联影响，进而出现了二次匹配。这个过程进行下去，用户之间就会出现多重匹配连接。

第三个特征是组织和用户进行复合连接。组织与组织、用户与用户、组织与用户相互连接，产生了复杂的多向交互，进而形成不同的组织和用户相互连接。这种连接在大量组织和海量用户的乘数效应后，变得极其复杂和庞大，这正是智能组织信息得到高效运用的前提条件和必要途径。

智能组织要高效运行，首先需要组织和用户是直连的，当然由于组织和用户本身具有随机配对的特性，因此二者的连接呈现网络化的特征。只有网络直连的智能组织，通过系统化地信息处理，才会实现自身既定的目标，达到组织功能的良好状态。

三、团队的可拓展性与团队协同

企业在发展过程中，往往会随着业务拓展、变更和升级吸收新的成员，这时最考验团队韧性和包容性的就是其扩展性。因为只有具有灵活和强大的组织扩展性，才能将具有不同性格、不同工作习惯的人才聚拢到企业中，使他们按照企业文化的要求，以企业的工作模式发挥自身独特的工作优势，促进企业业务的开发和提升。

实际上，由于企业招募的人员本身经历、个人能力和资源不同，企业在扩张和更新时，总会经历一定的磨合期，这是企业团队建设必不可少的环节。无论是企业还是员工个人，磨合的时间越短越好，企业需要员工马上发挥职能，员工需要企业授权负责项目，但企业有自己的团队工作标准和原则，是员工必须遵守和践行的。

这里面最难的部分在于，员工性格与企业文化之间的匹配度通过训练到底能够达到怎样的程度。如果难以匹配，比如员工不认同企业文化，而企业对员工性格素养等也不满意甚至难以容忍，就意味着这次团队扩展是失败的，结果可能是员工辞职或者企业将其调整到其他部门工作。只有员工和企业匹配度高，并且磨合期短，才能达到双赢的局面。

第三节　工作流成为核心运行模式

企业在赋能的过程中，均体现出一种核心的模式——工作流模式。那么，什么是工作流？工作流模式的内涵和结构是什么？工作流模式怎样运行？这是本节主要探讨的问题。

一、工作流是工作数据、决策指令、实施过程、反馈环节等的分布式集群

何为工作流？工作流即工作集群的结构及其运行方式。说白了，工作流不仅是工作流程的集群，还包括工作集群本身。

工作流的外在表现形式是不断延续的工作流程组合，所以很多人误以为工作流只是一种运行方式。实际上，工作流既包括要素结构，也包括过程结构，它是一种复合的内容系统。

我们举一个生活中的例子来说明工作流的概念。比如你想要购买一处住房，那么你、家人、售楼处工作人员、中介、熟人、陌生人等均是这个过程的参与人，这些参与人根据自身所掌握的信息向其他人传递部分原始信息或者加工信息，然后信息都汇聚到你这位购房者手中，你根据这些信息及自己把握的情况向这些人进行反馈，在不断的互动反馈中，你将对不同楼盘、不同户型、不同售楼处、不同中介人员形成一定的印象，之后你开始进行初步决策、二次决策、最终决策，然后进入购房的实施过程，最后根据购房体验对这些人进行适当的反馈。整个过程中信息流转、信息互动、决策、实施和反馈等内容并不是孤立的工作事项，而是围绕在不同环节、不同对象上的密集型、复杂化、多向性的工作集群，这个内容和过程体系就是工作流。

下面，我们对工作流的概念进行一下界定。

首先，是分布式工作流而不是同步式工作流。工作流不是一种瞬时反应，它是一系列行动的组合反应。比如在超市购物的人群，他们每天买什么菜、什么时间买菜、谁来买菜等这些数据是随机的。也就是说，买菜的人可能张家是张大妈，李家是李大哥；张大妈是早上买菜，李大哥是晚上下班买菜；

张大妈今天买了南瓜,昨天买了冬瓜,李大哥先后买了西红柿、土豆……这些数据信息如果迭代到许许多多的人身上,就变得十分随机而且复杂。这种情况下,买菜过程就是分布式工作流而非同步式工作流。

其次,是工作集群工作流而不是工作个体工作流。工作流本身是多项工作的集合,而且这种集合本身具有混沌性,即其存在很大的不确定性。比如我们可以粗略地将一个商场一天内的活动看作是一次工作流,其包括顾客消费、商场服务、渠道商推销、市场调查、政府调控等诸多活动。这些活动可以出现交集,但很多是并没有多少连接的,所以这样的工作流本身是一个弱连接的工作流。但我们不能将某人一天内的购物活动看作是一个工作流,也不能将一天内商场某个柜台的服务情况看作是一个工作流。

再次,是动态工作流。工作流本身具有很强的活力,因为整个过程及其涉及的对象是不断更新发展的,所以工作流结构及其运行过程是动态的。这就像一个企业的研发活动,会受到市场销售、市场调查、企业管理层、竞争产品等多项因素的影响,所以企业研发产品时往往需要市场分析、战略分析、竞品分析等多个环节。

二、工作流是工作要素、资源和过程的混沌式组合

工作流是不同工作要素和工作资源,围绕不同工作过程

形成的高速迭代的工作集群。这表明，工作流是由要素、资源和过程的共同作用实现的。工作要素是工作流的组成结构，工作资源是工作流的可动用条件和潜力，工作过程是工作流的外在表现形式。下面，我们通过一个案例，分别对工作流中的要素、资源和过程进行解释。

企业开发某款产品是一个工作流，这款产品的整个开发部门就是工作人员，开发的产品就是工作对象，形成核心竞争力就是工作目标，每一项具体的工作都是工作任务，所使用的信息、技术、原料等都是工作平台，而项目制就是工作方法。那么，什么是工作流的要素呢？简而言之，工作流的一切内容都可以称为工作流的要素，包括工作人员、工作对象、工作目标、工作任务、工作平台和工作方法等。

企业开发某款产品，生产原料就是物质资源，加工技术就是技术资源，筹措的启动资金就是资金资源，项目组内技术专家、管理专家等就是人才资源，对竞争对手的分析和对目标消费者的分析等就是市场资源，等等。所谓工作流的资源，就是工作流实现过程中能够运用的所有物质和能量，主要包括物质资源、技术资源、资金资源、人才资源、战略资源、人际资源和市场资源等。它们不仅包括其现状，还包括其一定程度的潜力。比如资金资源这一项，不仅包括当时的启动资金，还包括获得的持续注资、后续吸引到的风险投资、员工再融资等筹集的资金，就是说现状和适度的潜力都是可用的资源。

企业为开发产品，在市场调查过程中形成的信息与领导层对战略和竞品、市场前景等信息实现交互，进而推动领导层做出一定的决策，随后转化为多部门联合实施，之后不断进行市场、企业和消费者之间的复合反馈。工作流的过程，就是工作流的运行方式和路径的统称，主要包括信息交互过程、决策过程、实施过程和反馈过程等。

总结起来，工作流的组织体系是覆盖全部要素和过程环节的全内容体系。

三、工作流的运行基于高复杂度的工作链、工作环和工作节点

工作流的运行过程是由工作链、工作环和工作节点的活动构成的。工作链是由不同工作程序的链条交织连接起来的。工作环是由不同工作程序的环路连贯起来的。

工作链不是简单的工作流程，而是若干工作流程的相互连接。说是链条就表明它不是单线性工序，而是双向或者多向并行的工序集合。比如要招聘员工，那么潜在员工会对企业条件进行判别，只有条件能够达到预期，潜在员工才可能迈出应聘的步伐。当企业吸引到不同的应聘者时，需要安排面试和考核，对应聘者进行遴选，以选到合适的员工。实际上企业在作出决定的同时，备选员工又掌握了主动权，因为

他的工作内容将是企业工作的一部分，对企业的发展和进化将产生或多或少、或正面或负面的影响。员工入职后企业将对其培训，因为只有加强入职培训和在职培训，员工才能更加高效地进入角色、胜任角色。

工作环是一种包含循环逻辑的工作程序。比如我们今年春季要出售应季产品，明年春季仍会出售应季产品。虽然时间在不断推进，但工作的内容大致相同，且有很强的传承关系。也就是说工作环路内，有很多工作任务是具有可重复性的，它们的替代性较弱，即使出现变化，依然可以保持环路的合理性。实际上，如果我们连续观察商场春季服饰就会发现，虽然每年产品式样和颜色等都会变化，但夹克、帽衫、皮衣等类别总是大家选择的热点，更是商家角逐的焦点。

工作节点是具有不同工作属性的工作对象和工作对象的集合。工作节点之间的连接构成了工作链条和工作环路。比如我们将产品研发的过程看作一个工作链，那市场调查就是产品研发工作链条上的一个节点，而市场调查又可以分为用户调查、竞品调查等内容，那么用户调查和竞品调查就又是低一级的节点。这就是说，工作节点是分级的，工作链和工作环最基本的构成节点为一级节点，其后每个一级节点又由若干个二级节点组成，然后二级节点又由若干个三级节点组成。从理论上来说，工作节点可以多级分裂下去，但是就智能组织的属性而言，工作节点的等级不宜分化太多。这是因为，如果工作节点分化的层级太多，必然带来信息交互效率的降低，不利于智能组织达成目标。

整体而言，工作流的运行过程是由不同节点支撑的，由工作环路和链路两种形态体现的复合过程。因此，企业要构建出智能特征，需要构建合理的工作节点、适当的工作链路和环路，以适应不同的任务需求，进而达到企业赋能工作流的目标。

实际上，我们可以将工作流看作智能组织的一种工作内容系统，这种系统的独特性有这样三方面的内涵：一是工作流的表现是整个工作流系统的分布集合；二是工作流的内容是工作要素、工作资源和工作过程混沌运行形成的；三是工作流的运行方式是由工作链条、工作环路和工作节点复合作用体现的。用一句话来概括就是，工作流是一种具有多层结构，分步骤运行的工作系统。

第四节　终端赋能的三个条件

一家企业要实现战略、计划、决策、实施和反馈等各个过程的全链条、全环节智能，需要企业本身具备良好的基础条件。这些条件并非很难，但要持续满足也并不容易。概括起来，进行终端赋能需要具备三个条件，即信息畅通、流程透明和决策准确。

一、网状组织内信息流保持畅通连接

由于智能组织本身是去中心化的网状组织，因此组织内的信息流保持连接畅通非常关键。信息流的连接方式，按照互动渠道的数量主要分为单向连接、双向连接和多向连接。

单向信息连接在智能组织内出现，主要是瞬时信息的流转和传播，其并非需要即时决策和反馈的重要内容。这种信息连接方式主要的作用是流转信息，是常态化信息和补充性信息的积累和传播，这些信息在流转过程中具有存在必要性，但并非信息连接主要的存在方式。

双向信息连接是基于智能组织不同功能节点的信息流转，其主要是传递双方分别获得的信息、对于信息的分析成果、决策依据、决策建议、决策指令以及决策反馈等信息。这种信息连接方式主要的作用是流转信息、传递指令和反馈。由于双向连接能够实现基本的赋能操作，因此是智能组织基本的信息连接方式。

多向信息连接是智能组织不同层次、不同节点由于某项功能、某项任务或者某项机制而连接起来的信息互动方式。多向信息连接的内容十分广泛，可以是决策指令、决策建议、决策反馈，也可以是关键数据、权威分析、研究成果，还可以是辅助或者补充的信息数据。由于智能组织本身具有网状化的组织结构，同时其任务和战略也是共享开放的，因此多向信息连接是智能组织最为常见的信息连接方式。

二、工作流全部流程透明

前面第三节我们对工作流运行模式的内涵、组织结构和运行过程进行了阐释，这里我们就工作流作用流程的标准和条件进行一下说明。实际上，智能组织的工作流运行过程会受到很多要素资源的限制和约束，因此其所需达到的标准和条件也非常多。这里我们仅围绕工作流运行过程中最为重要的标准和条件——流程透明，来说明其中的原理和实践方法。

某企业计划改进某款产品，以增强其竞争力，帮助企业获得更多的盈利。董事会心急如焚，但董事长依然决定通过目标和任务开放共享的方式，激发企业更多的创造力和活力。于是，企业将这项计划向各个部门公开，并征集可行的方案。

一开始的时候，很多部门都没有拿出来方案，直到研发部门先拿出来一个方案。而研发部门的这个方案是由一位进入企业仅半年的新工程师提出的，当时这位工程师看到有征集创意的通知，就设计了一套方案提交给主管。研发部门主管是企业领导人的得力干将，正好这位新员工提交了方案，而且看起来还挺像那么回事，于是他同意了这个方案。

在一次例行董事会上，董事长在不多的几份提案里表扬了研发部门的方案。于是在截止日期前，很多部门提交了越来越多的方案。最后由秘书部门收集整理，提交给董事会进行研究。董事会看到了非常多既具有战略性和创新力又具有可行性和实操性的建议，于是综合了各部门的多个方案后，形成最终的产品改进方案，实施后获得了巨大成功。

董事长从这次征集意见中尝到了甜头，不断调整企业运行方式，将更多的企业目标和任务公开给员工，集合员工的能力来助力运营，带来了企业高速稳定的发展。研发部那位员工不久后就升任为某个项目的负责人，开始独立领导某项产品的研发工作。

这个案例说明，工作流的运行前提是信息充分公开和易于获取，能够被每位员工良好运用。当然，信息透明在工作流作用时体现在每个环节中，比如董事会进行方案决策时，每位董事会成员都接到了综合多部门的改进方案，这就保证了董事会的决策是建立在信息对等的基础上，从而避免了信息不对等可能造成的决策不一致问题。

三、终端决策者分析判断适当

中国有句俗语，叫作"万事俱备只欠东风"。对于企业赋能来说，如果赋能的基本条件都具备了，那么最后对赋能进行实施的终端决策者就可以被视为"东风"。但不可否认的是，终端决策者对于赋能过程的作用比"东风"的作用要大得多。因此，终端决策者必须尽最大努力保证所作出的分析和判断是合理的，所作出的决策是恰当的。

现在问题来了：组织终端如何才能做到正确决策呢？需要从三方面着手：一是决策者的能力；二是信息的准确和充分程度；三是时机是否恰当。

决策者的能力。智能组织最明显的特点是每位组织成员都能根据既有信息和既定规则，及时作出自己的决策和判断。虽然既有信息和既定规则作为决策依据是透明公开的，也都是员工基本能够掌握的，但是决策作为一种能力，是需要不断训练的。员工在经验不足或者判断有误的情况下，有可能出现决策失误。为了杜绝这种情况的发生，智能组织对决策者的能力素质要求较高，以适应赋能任务的完成需求。

信息的准确和充分程度。我们都知道，对于某件事情我们所掌握的信息不可能是全部信息。这就带来一个问题，如果我们掌握的信息本身不充分，甚至不够准确，决策往往会南辕北辙。因此，要想提高决策的合理性和效益，尽可能保证信息获取是充分的，同时对信息的判别分析也是准确无误的。

时机是否恰当。由于企业经营状况和外部商业环境是不断发展变化的，因此决策必须选准合适的时机。否则，一方面信息可能过时，另一方面环境对企业经营活动的影响可能有变化，如果依然按照之前既定的策略来应对可能发生变化的态势，可能导致失败。

总体来说，只有具备良好的信息互动机制，实现信息的有效传播和运用，工作流在实施过程中保持开放共享，能够被大多数人理解、支持和实现，决策者具有相应的准确判断和分析能力，终端组织才能实现赋能，提高其决策效能。

第五节　组织的有效性

毫无疑问,组织的有效性是个相对概念。即使是智能组织,在当前快速更迭的商业环境和技术形势下，也随时面临被颠覆的风险和挑战。那么,关于组织的有效性,到底要讨论什么?

实际上，要讨论组织的有效性，就是要看看企业赋能的收敛条件，即在何种情况下智能组织的功能能够良好发挥、难以完全发挥或者无法发挥。说白了，企业要实现持续赋能并不容易，因为企业战略、企业产品和服务、企业领导者等在不断的博弈过程中，会产生大量的不确定性和复杂性，进而对企业活动造成或深远或即时的影响。

同时，由于企业的生存空间不同，其组织的内部结构及对外部环境的稳定性不尽相同，组织本身的生长可塑性也不同，将给企业带来不同的结果。

一、发挥组织功能的基本条件

企业要发挥自身组织功能，需要满足许多条件。概括起来，企业发挥组织功能应满足下面四项基本条件。

第一，组织战略具有前瞻性。如果不能抓住互联网应用这一时代趋势，那么所谓的"BATJ"（百度、阿里巴巴、腾讯、京东）可能就不会存在，或者更准确地说不会像现在这样如日中天。而同时代的很多传统实体企业，依然靠低利润率来支撑。如果这些实体企业在获得初步的资金积累后，开始做互联网方面的业务，结果可能完全不同。

只有具有前瞻的战略眼光，将自身的资源投入到具有发展前景的行业和业务上，企业才会获得更快更好的发展。因此，企业的组织战略必须具有前瞻性，能够在诸多的业务领域占领先机，获得发展的快车道席位，为实现企业跳跃式发展打下基础。

第二，组织团队保持战斗性。华为的员工信奉狼性文化，每位员工就是一个斗士。在商场如战场的环境下，员工如果不能居安思危甚至时刻保持危机感，进而积极投入自身力量达成目标的话，那么企业的发展节奏就会慢下来，相对应地企业的发展就没有那么顺畅。如果企业的员工具有旺盛的斗志，那么其充足的内动力就会转化为具有高质效产出的行动。实践反复表明，上下同欲者胜。只要整个团队进取意愿充足，就易激发出持续的推动力，产生摧枯拉朽的效果。

第三，组织协同具备有效性。企业本身的资源是有限的，如果企业内部不能形成合力，甚至存在较大的内部损耗，企业很难具有良好的发展态势。因此，那些顶级的企业内部协同效率高，且非常注重在日常工作中引导员工相互协同。当然，组织协同可能因各方面的因素而低效。比如在激励机制不够健全的情况下，如果协同的效益产出不够多，企业内部管理环境协同的文化氛围不够好，那么协同可能产生对某个部门或员工不利的情况，此时员工协同就是无效甚至反效果的。

第四，组织价值具备一致性。良好的服务保障条件，是企业凝聚员工的重要措施。实际上，企业与员工，更应该是一种合作关系。双方均为对方提供一定的价值，而对方也将给予相应的回报。现实的可能性就是，如果企业预支给员工巨大的回报价值，那么员工就会为企业带来更多的工作价值。

二、组织的鲁棒性和稳定性

所谓鲁棒性是企业经受外部环境各种因素影响仍能保证稳定的特性。而稳定性是指企业内部结构及其运行方式的稳定程度。我们需要根据企业的生存空间来考量这两个指标，因为只有相对确定的生存空间，对于组织的有效性才有意义。如果企业本身具有广阔的生存空间，那么环境对其经营活动的影响就会被稀释，其鲁棒性就比较好。同时，如果企业生存空间大，那么其内部结构就会保持相对稳定，其稳定性也会较好。

我们先来看看企业的鲁棒性。20 年前，如果有人说自己买东西不需要渠道，可能很多人会以为他疯了。现在如果还有人如此认为的话，我们基本可以确定他已经落伍了。在快速变化的时期，企业经营的商业环境变化非常大，很多商业机遇都在涌现和变现过程中，我们不能看低环境的巨大作用。当然，在相对较短的时间段内，我们依然可以认为企业的基本环境是稳定的，这样我们的战略目标和发展路径才有意义，否则就会因不断变化而一事无成。

接下来，我们再看看企业的稳定性。企业的内部稳定是指企业在一段时间内保持战略、运营和文化等的传承，以实现阶段目标。当然稳定的含义是相对的，因为企业只要大体架构和运行方式不变就是架构保持稳定，我们所说的不稳定是指组织架构连续变化，运行方式忽快忽慢、或温和或激进。这种企业稳定是必需的，只有这样才能保证企业阶段目标的实现。

概括起来，虽然稳定性是根本因素，但是鲁棒性才是企业需要把握的关键因素。企业保持旺盛的生命力固然重要，但是如果竞争对手的段位更高，能够占有绝对优势，那么你不升级段位就相当于等待失败。说白了，如果你抓不住时代发展的脉搏，即使对商业经营再擅长，也会由于无法对症下药而失败。

三、组织的可塑性

组织的可塑性是指组织能够被变革、升级和改造的程度。在将企业转变为智能组织的过程中，海尔团队就体现出非常强的可塑性。在大量中层部门被取缔后，无论是部门领导还是员工都能适应企业变革的需求，及时调整自己的身份和工作，为企业顺利转型打下了基础。

组织的可塑性有一项比较常用的指标，即组织的迭代周期。组织的迭代是组织内部结构和运行方式变革的统称。企业的迭代周期就是企业内部结构及其运行方式的变革时间差。毫无疑问，组织的迭代周期越长，组织的稳定性越强，灵活性越差；组织的迭代周期越短，组织的稳定性越差，灵活性越强。但我们不能机械地认为组织的迭代周期越短越好，因为组织迭代周期太短，将带来组织不够稳定的问题。比如由于转变太快，企业战略的落地就无法保证，因为企业战略的制定、决策和实施、反馈是个漫长的过程，如果战略朝令夕改，传承和巩固就难以保证。

实际上，组织的可塑性在不同情境、不同维度上的理解并不相同。比如在企业面临资金链条可能断裂的难题时，吸收风险投资就是一种组织可塑性的体现，当然后果往往是企业决策权的失去或者转移，但只要企业能渡过难关，获得更好的发展，那么企业的这种可塑性就是合理的。有很多企业为了获得风险投资，将部分的决策权转让给了风险投资机构，当企业渡过难关发展起来以后，再通过回购股权的方式重新收回决策权，阿里巴巴和腾讯均是这样。

第七章

智能组织的形态

随着智能商业时代不断向前发展，技术、资源、模式等要素将不断推陈出新，获得迭代式的复合进化，企业将随之出现深层次的进化和发展，这就带来一个问题：未来智能企业将呈现怎样的组织形态？

很多人一提到组织形态，就想到传统意义上的树状组织、矩形组织、线性组织等，虽然企业在若干层面上依然有这些组织形态，但总体而言，它们已不再是智能商业时代企业的主流形态。

最主要的原因是，树状组织、矩形组织的内部管理环节比较多，因而组织决策、实施、反馈的链条传递较慢，导致效率比较低。线性组织的环节清晰，但如果某个环节因为某种原因停滞，那么组织运营的链条将彻底停滞，带来的危害更大。

智能商业时代，企业的组织形态将会是智能组织。这在本书前面的论述中已经基本说明了。这里补充一点，即智能组织形态是不断迭代运行的，也就是说，即使是同一家企业，现阶段是一种智能组织形态，经过一段时间的发展，可能变为另一种智能组织形态。

实际上，这只是企业组织形态的第一层含义，即组织的架构和运行方式。企业组织形态还有第二层含义，即组织的特征。组织形态的第一层含义决定了其第二层含义，即组织架构和运行方式决定组织的特征。那么，智能组织具备怎样的形态特征？这是本章主要讨论的问题。

要回答这个问题，就要从组织发展的三个不同层面来分析：战略目标层面是价值取向，战役指导层面是支撑条件和运行条件，战术实施层面是运行方式。具体来说，价值取向即智能组织具有一致的价值观，支撑条件是技术、运行条件是互相联结，运行方式是自主决策。这三个层面的逻辑关系是，价值取向引领支撑条件和运行条件，而支撑条件为运行方式建立一定的基础。

第一节 共享价值

智能组织形态的第一个内涵是共享价值。所谓共享价值，就是智能组织内部保持连续一致的价值追求。智能组织共享价值的外在体现为对企业目标愿景、运营方式等的认同和践行。在共享价值的基础上，智能组织获得了强大的凝聚力和向心力，从而始终保持充足的发展动力。

只有价值共享，智能团队各个成员之间的合力才能达到最大化。如果企业价值在不同的团队成员间存在差别，那么这些成员的工作效能就会抵消和融解，也就达不到效益最大化。

一、价值观的坚守

要想成为一家持续发展的企业，首先必须坚守一定的价值观。这种价值观基于对行业的前瞻判断、对竞争对手的精准分析和对用户需求的敏锐感知。因此，这种价值观本身要正确和合理，而且具有变现的可行性。

说白了，如果价值观不一致，那么企业在经营目标、经营模式、产品和服务策略等方面会产生分歧和矛盾，不利于组织合力的形成和维系。如果某家企业具有不够集中统一的价值观，而是领导层之间、部门之间各自为政，那么企业就形同一盘散沙，难以聚集起庞大的力量。

可能有一些人会有疑问：企业合伙人和团队成员一般应该具有相同的价值观，那不同成员之间的价值差异究竟是指什么？实际上，企业价值观在智能商业时代非常容易统一，因为创新、服务、变迁等价值追求是智能商业时代的普适性价值。这里所说的价值差异，是价值的阶段性偏向和重点，因为即使是内在统一的价值观，依然有很多不同的出发点和落脚点。

当然，一家企业的价值观最直观地体现为以创始人为代表的企业文化。比如任正非强调创新，因此华为自始至终都在坚持自主创新，才能发展到如今的规模。从代销公司起步，在看到技术创新的巨大空间后，华为没有太多犹豫，坚定地走在了技术创新的大道上。当然，价值观的坚守是不细分业务领域的。华为作为以通信器材为主业务的企业，在看到小米公司的成功模式后，毅然跨入了智能手机市场的竞争中。华为利用自身技术辐射优势，快速切入智能手机的技术研发，并且一路高歌，其技术实力已走在了行业前列。

说到这里，我们就要谈一下企业价值观的延续问题。因为很多企业在创始人不再掌舵后，接任者就会追求新的价值观。实际上这就是对企业文化的重构，这个过程如果成功，也是经过艰难的挣扎得来的，一旦失败，企业将面临极大的破坏性影响。所以，对于企业价值观而言，最好是保持连贯性，然后根据时机进行微调，以跟上形势、经营所需。

二、组织的驱动力

组织的驱动力有多个层次的内容，比如资本要素、人才要素、用户市场等，但归根结底，组织最基本的驱动力是根据目标愿景、价值取向衍生而来的内驱力，实际上就是组织始终保持一致的价值观。

通过目标价值的引领，智能组织内部的各种资源、要素、工作流、创新平台得以不断组合、优化，再进行重组、完善，借助反复的迭代和修正，实现组织的进化和发展。组织的驱动形成动态反馈的良性循环，获得充足的驱动力，进而获得更为优质的资源，比如市场份额、品牌影响力等，再促进组织目标愿景的迭代更新，进而获得更多的发展动力。

价值观具体表现出来就是动态的目标体系。这就表明价值观体现出来的目标是成矩阵、成系列发展的，并不是一成不变的。比如阿里巴巴的价值观是"让天下没有难做的生意"，在阿里巴巴发展的不同时期分别设立电商平台、商业生态系统、互联网经济体等目标，这些目标共同反映出阿里巴巴的价值观，也说明了阿里巴巴生存和发展的驱动力。

实际上，如果企业自身内驱力不足，需借助其他资源因素进行发展，一旦其他因素出现波动，企业的发展就会受到限制。企业要想获得持久的驱动力，就需要保持价值引领下的优势，这种优势首先是组织内部的，然后辐射到组织运营的各个环节，比如研发、销售和战略等方面。

三、团队共创

现在问题来了，智能组织的团队之间是什么关系？它们如何实现相互连接？要回答这些问题，我们就需要围绕智能团队的关系及其运行方式进行讨论。

我们通过一个小例子来说明智能团队的关系。比如我们要装修房子，那整个装修团队就是一个小型的智能组织。装修团队有最高的指挥者即工长，各项事情由工长进行协调安排，其他的成员根据工长的安排从事特定的工作。但装修团队是按照设计师的设计图来施工的，设计师是根据业主的意愿进行设计的。从这个环节上来看，施工团队要想赚更多钱，就需要与设计师进行信息交互。这种信息交互和利益共生的过程就是团队共创的过程。

所谓团队共创，就是指智能团队每个人都付出自己的努力，然后让渡一部分自己的利益，以实现团队整体利益最大化的目标。智能组织本身综合性强，这就意味着智能组织每个团队的业务既可以独立性很强，又可以合作性很强，完全根据任务和项目要求因时因事地进行调整。客观上说，智能组织由于目标一致，同时共享指挥平台、信息数据、决策原则等要素，其本身就是共创的关系，而且运行的模式也是同步的。

当然，上述这个小例子也有不完美的地方，因为在后续施工过程中，其流程性较强。比如铺地板的工人需要在防水处理之后进行，那么进行防水处理的工人就需要提前完成工作。这与智能组织的去中心化流程并不吻合，但作为一个简单的例子，已经从概念上将智能组织的团队关系讲清楚了。

智能团队在企业战略、企业目标和企业运营模式上保持共同利益、共同节奏、共同趋势，就为团队形成综合活力带来了便利条件，为企业获得良好的效益打下了基础。因此，团队共创不仅是一种运行方式，还是一种运行状态，其对应的是智能组织内部团队的关系以及运行方式。

四、组织的演进方向

未来组织的形态将是高阶的智能组织。因此，未来组织的演进将趋向于智能组织的形成和发展。

智能组织的形成，是组织目标牵引下的必然选择。因为要实现组织效率的高效化以及组织效益的最优化，就必须从传统的组织向智能组织转变。当然不排除有其他能够替代智能组织的形态，但是智能组织是数字化时代的一种基本组织形态，是其他组织形态的基础和前提。

智能组织的发展，实际上是智能组织建立起来以后不断生长的过程。其中涉及两方面问题，即智能组织运行方式的升级，以及智能组织环境、要素条件的升级。智能组织运行方式的升级，是随着技术发展和信息利用效率的提高，会自然而然得以实现的。智能组织环境和要素条件的升级，是企业运营环境整体升级，信息、资金、政策等多种要素资源整体跃迁时，智能组织就会快速生长，发展到更高级的组织形态。

当然，智能组织的发展是随时随地都在发生的，而且是很多个因素同时在发挥作用，这也表明我们不能完全将智能组织的演变剥离为孤立要素或者特定阶段的现象。实际上，这是个长期过程，我们不应该简单地机械化地割裂开来进行分析，应该进行整体综合性的分析和把握。

毫无疑问，一开始我们即使建成智能组织，也是低阶位的智能组织。对于这一点，我们必须有个清醒的认识。并不是说，我们建成智能组织就一劳永逸了，智能组织要不断进行迭代。从低阶的智能组织发展到中阶的智能组织，再从中阶的智能组织发展到高阶的智能组织。

第二节 互联互通

对于智能组织而言，无论是作为平台的指挥体系，还是一线的团队和工作人员，都需要保持数据信息的无缝对接、快速流动和精准推送。因此，用户终端、信息系统和企业团队之间保持互联互通，就是智能组织的第二个内涵。

通过网络化平台的协同作用，智能组织可以实现内部信息生态系统的共生互利。智能组织要想实现良好的组织效益，必须有信息互联、人员互联的基础前提。信息互联为智能组织运营提供坚实的组织资源和组织条件，这是智能组织内部、智能组织与环境以及用户保持动态连接的必然之路。

一、自由连接

企业在发展过程中,将不可避免地扩大自己的组织结构,这是由企业发展所引起的组织扩展,本身具有很强的合理性和必要性。然而,在互联网企业中,这种现象就不是那么明显和必然了,甚至随着业务扩张反而有团队收缩的情形。

为什么会出现这种反差?互联网企业到底实现了怎样的升级,才形成了较高的工作效率?要回答这个问题有一个前提,那就是互联网企业的基础平台是坚实存续的。这里需要搞清楚的是,针对不同的业务领域,每个企业需要搭建自己的基础平台。这样每个企业的基础平台就不尽相同。

毫无疑问,只有根据自身发展所需搭建功能匹配的基础平台,才能保证企业具有很强的竞争效力。在基础平台上,企业与各种各样的平台、要素、用户等体系进行对接,直至实现企业各类终端的连接。企业自由连接的终端,可以是内部资源和组织团队,也可以是企业与外部环境甚至是竞争对手,还可以是技术、服务方面,甚至可以是模式、战略方面。下面,我们以共享单车的发展为例,从企业与用户之间的连接进行说明。

大部分共享单车企业,均是轻量型的组织体系。由于产品服务与用户的自由连接度高,这种企业并不需要庞杂的组织架构。这就保证了它们的总体效益较高，同时运营成本保持较低水平。

那么，这种轻量型的组织又是怎样带动如此巨大的企业生态运转的呢？答案是其内部具有高度的去中心化特征，能够最大限度地保证业务半径的可控性。这种企业对于产品投放的市场比较挑剔，因为不同的城市人群会形成不同的市场需求，在发掘需求和满足需求中实现赋能，才是这些企业深层次的成功之道。

这里还有一个必须正视的问题，即组织内部的连接和组织与外部的连接是怎样的关系，会不会产生矛盾？实际上，企业内部的自由连接将极大改善对外连接的效率，而加强对外连接也会倒逼企业加强内部互动。这两者一般不会产生矛盾，但在产品和业务的可持续性发展受阻的情况下，企业不可避免地将进行收缩。

二、网络协同

网络协同的实现基础是什么？在数字化时代，互联网技术、智能技术、通信技术等快速迭代，形成了网络协同的技术和产品基础，从而使得智能组织实现网络协同。网络协同是智能组织的一个重要特征，也是智能组织运行的一个基本前提。网络协同具有三个层次的内涵：网络互联、同步协调和互动运行。其中，网络互联是网络协同的前提，主要是指企业、客户群体和第三方群体都通过互联网平台进行连接；同步协调是网络协同的关键，是指企业的决策、运营、研发等活动，与用户对市场的调研、对比、反馈等活动，基本处于同步；互动运行是网络协同的保证，企业、市场、用户都处于一个共同博弈的环境中，企业要想适应市场环境、获得竞争优势、争取用户青睐，需要在与市场的交流互动中保持高度匹配，并能够快速及时地根据市场变化、用户需求预先进行有针对性的谋篇布局。

下面，我们还是以大家比较熟悉的阿里巴巴为例进行说明。

首先，阿里巴巴与互联网电商环境、网民通过一定的缘由建立连接。这些缘由可能有：全球互联网技术高速迭代，给组织效率提升、组织活力焕发带来了很多助益；网络购物以及以网络消费为特征的互联网商业生态形成，电商平台、传统企业的网上平台、第三方集成平台等相互引流和变现，网络消费的氛围越来越浓厚，给企业在网络消费上的发展创造了条件；社交应用的持续发展，为互联网开拓用户消费市场带来了海量的红利，每家企业都能够在分享互联网商业的红利中，获得高速的发展和进化，为后续组织变革提供了组织资源。

其次，阿里巴巴的进化与互联网时代的发展、网络用户商业行为的发展具有相当程度的同步作用。这种同步作用具体表现在以下几个方面：阿里巴巴不断变革战略的行为，就是对用户群体需求增长和变迁的适应性调整。智能组织需要时刻把握用户需求中变迁的因子，才能找到更加适合组织进化的方向。阿里巴巴首先必须是适应商业发展环境的，这样才具有现实的生存条件；更进一步说，阿里巴巴在一定场景下引领商业发展趋势，也是在感知到用户的潜在需求后进行的可行性创新。网络用户与智能组织本身具有相互叠加的升级效应，企业会根据用户需求的变动开发出相应的产品和服务，用户根据企业提供的产品和服务也会产生更加个性化的需求，这种相互交织、相互推动的增长效应，带来了组织进化和个人商业行为上的变迁。

再次，阿里巴巴与用户之间具有深入频繁的互动关系。这里需要说明一下，阿里巴巴不仅与互联网的个人用户即网民存在密切的关系，同时与广大的企业，特别是中小企业之间具有紧密的互动合作关系。阿里巴巴通过为企业搭建共同的用户平台，使不同的用户能够在阿里巴巴上获取与某家具体企业的连接，而且这种连接往往是间接的，因此中小企业非常乐于与阿里巴巴的平台进行良好的合作。阿里巴巴不仅能够为用户与企业沟通建立渠道，比如阿里旺旺软件就可以实现买家用户与卖家企业之间的个性化对接，同时还为用户与用户之间建立互动关系，比如用户都能在货物评价信息中找到自己所需的参考内容。

三、信息生态

互联网企业的内容服务体系是通过信息连接起来的生态系统。每家互联网企业作为一种信息平台，都有层次多样、覆盖广泛的内容服务。随着不同内容服务之间信息的交互和融合，大量的交叉内容服务会出现在用户选项中。

数字化时代，用户的流转非常便捷，而且悄无声息。所以，企业必须擅于经营自己的粉丝群体——包括现有用户和潜在用户，给用户带来具有吸引力的产品以及有价值的服务，满足用户更多更优质的需求，这样才能有强大的用户积累，进而为企业的盈利和发展带来利好。如果企业内部系统及其产品体系不具有信息共享和相互引流的机制以及良好的运行，那么终将被时代所淘汰。这种说法可能有些绝对，可是我们想想诺基亚手机、柯达胶卷相机，估计没有多少人还会认为这是危言耸听。

用户的信息获取是开放的状态，带来的商业特征就是企业必须把数据信息这种资源放在战略的位置，不断提升整合和运用能力。企业对于数据信息的把握和运用能力，实质上反映了企业的效率，体现在企业运营上就是发展空间和发展潜力。

总体来看，虽然信息对商业形态的裹挟并不是刚性的，但信息带来的机遇和挑战绝不小。如果我们不能在数据信息的发展应用中尽早布局，占据有利的先发位置，那么当数据信息已经形成一定的势能流向时，再想重新获取优势将变得十分困难。

第三节　技术支撑

毫无疑问，当今时代科学技术在引领着商业高速变迁。对于智能组织而言，其保持竞争优势的首要条件，是具有一定的技术核心竞争力。只有这样，企业才能在数字化时代中拥有良好的组织形态，从而适应数字化时代的现实环境、满足数字化时代潜在的生存条件。

现在说起代码、算法、模型等要素，可能没有一家企业会感到陌生，与之相对应的是，智能、交互、舒适等商业特质已经成为每家企业需要转向的趋势和变迁的前路。因此，整体看来，这个时代正被技术所牵引，我们每个人都在技术的带动下进入了智能商业时代，我们面对的现实问题，正是如何认识和运用技术的力量。

一、数据智能驱动

根据有关数据统计结果，互联网企业的利润率在 30% 左右，而传统行业的利润率基本达不到 10%。为什么互联网企业能够更好地发展、更快地增长？实质上是通过数据智能的驱动和催化，企业对用户数据信息的利用更加高效，单位时间内所产生的效益也更高，这就是互联网企业的利润率比传统行业的利润率高得多的主要原因之一。

数字化时代的企业都很没安全感，主要的原因是企业用户流量的变化非常快，有可能自身用户增长飞快，但有时用户流失也很快。这就带来两方面问题：一是用户增长快而自身组织还没有成长到能够承受如此巨量用户服务时，企业的成长不但紧迫而且往往显得囫囵吞枣，会埋下一些问题和隐患；二是用户流失太快，不但考验企业的快速反应能力和危机处理能力，而且这个时间不会很长。因此，数字化时代的企业要想良好的生存和发展，必须始终把用户牢牢攥在手中。

总体来说，数据智能能够驱动商业产生巨大的发展和变革趋势，而且有时能够直接重塑和修正企业的组织发展过程。以数据信息为代表的数字化时代的核心资源正在改变着商业世界运行的基本形态，未来具体会变成什么模样，现在还不能给出明确的定论。至于数据智能支撑商业发展的局限性，比如发展节奏太快引起组织变革滞后、用户黏性不够强等问题，虽然是企业发展的重要问题，但并不具有普遍性，这里就不再展开讨论。

二、算法竞争

对于很多互联网内容平台而言，其生存和发展面临的竞争主要来自技术。如果我们将互联网内容平台的主要业务归纳起来，实际上就是内容服务为主的业务矩阵。如果一个平台能够最大限度地聚拢和开发原创内容，吸引强大的高知用户群体，进而产生深远和持久的外溢效应，那么就较易成功。

那么，内容平台主要依靠的发展要素是什么？我认为除了服务模式以外，还有技术支撑的作用。说得更加具体一些，就是数据挖掘和分析运用的算法。由于网络存在强大的海量数据信息，因此许多人都有寻求个性化内容服务的需求。通过数据算法实现这个目标，能够最大限度地根据用户画像，精准推送用户感兴趣的相关内容，并不断优化所推送的内容。

对于不断发展的算法，企业想要获得竞争的有利位置，就需要占得算法开发和运用的先机。因此，算法作为一种稀缺资源，将会受到越来越多的重视，给企业发展以及持续拓展带来帮助。

当然，算法有时是具有限制性的，表现在三个方面：第一方面是算法本身的实现具有很大的难度，其所需的研发和开发需要大量的人力物力财力投入，对于一般的企业而言这点并不容易做到；第二方面是算法本身的稳定性、可迭代性等指标不可能实现最优化，只能通过优化初始设计和持续修正来进行弥补；第三方面是算法的适用性是有限的，也就是说算法在很多场景下的应用是低效甚至无效的。基于此，算法并不能无限制地被开发、拓展和运用，其必须在市场、用户和企业的利益上达到一定的平衡。

因此，在日常生活中，很多使用内容平台的用户都有一种内在的要求：我们确实具有特定的内容领域需求，但我们并不希望自己获取的内容完全属于这个领域。也就是说，算法带来的机械性结果给用户带来的不良体验并不是暂时的，其可供提升的空间依然很大。

那么，算法的应用是否应该得到一定的控制？实际上并不需要。我们要控制的是算法应用的程度问题，并非算法应用本身。如果算法能够更加智能和自动化，既能够满足用户的常态化需求，又能够满足用户的个性化需求，那么算法就应该得到充分开发和应用。如果做不到这些，算法就需要建立必要的收敛机制，一旦触达"安全阀"，立即激活算法的失效机制，避免产生算法的机械化运行。

三、技术的迭代

技术是具有生命力的资源。因此，未来企业发展需要紧盯技术资源，在不断的占有和共享中，释放技术的红利，促进企业获得长足的发展。

随着技术开发不断向前延展，技术的效用不断释放，加上竞争对手的入局，就会带来技术的生长和发展，这就是技术的迭代。技术的迭代是技术应用的必然结果，同时也是技术这种资源本身的属性。随着社会进步和知识进化，技术会不断迭代，直至产生出引领和塑造时代的技术产品和服务。

腾讯企业的微信和 QQ 是这方面最为典型的例子。我们知道，在微信这款应用未开发出来之前，QQ 在用户社交方面已经长期处于"霸主"地位。为什么还要开发微信，开发微信会不会对 QQ 造成冲击和不利的影响，研发投入会不会白费？这些是腾讯运营中存在争议的问题。

然而，腾讯公司还是上马了这个项目，因为对于移动互联时代而言，互联网、移动通信和智能终端技术的发展已经到了一个关口，必将带来具有颠覆性的变化。果不其然，随着数字技术的发展、企业商业发展模式的变革，智能终端爆发式的更新换代趋势，促进了移动互联技术的迭代。

从 QQ 到微信，腾讯公司将 QQ 积累下来的庞大用户，嫁接到了微信的商业生态系统内。说白了，微信极大程度地解决了 QQ 本身盈利率低的问题，同时对 QQ 系盈利能力极强的业务 QQ 空间、QQ 游戏等不产生大的影响。而微信本身具有流量变现的特点——变现通道多、变现率高，为腾讯发展带来的助力作用非常明显。

微信支付展示了这种技术与商业进行交互迭代所产生的威力。实际上，支付宝比微信支付要早运营几年的时间，但微信支付凭借春节期间的发红包操作，短时间内从支付宝手中夺取了大量的用户，对支付宝的用户市场形成了挤占效应。

2013 年 8 月 5 日，微信与财付通合作推出微信支付，微信支付正式上线。微信支付的用户增长非常惊人，到 2016 年 4 月，绑卡用户数已达 3 亿多。再加上微信服务号和微商所开设的大量微店，给微信支付带来源源不断的用户增长。

概括起来，微信支付能够获得成功，就是数据交互技术、移动支付技术等多项技术的迭代。因为技术迭代产生产品和服务的迭代，满足了用户更深层次、更多样化的需求，所以微信支付发展非常迅速，逐渐在移动支付领域占据重要的地位。

第四节　自主决策

　　智能组织最突出的优势在于成员决策的自主性。正是由于智能组织的成员能够具有更多决策自主权，才保证了智能组织的决策效率更高，决策效益也明显提高。实际上，在智能商业时代，商业环境变化迅速，要想更好地抓住发展机遇、开发优势产品，就需要更多的员工获得赋能，从而在信息共享和网络互联的前提下，实现更具灵活性的决策。

一、激发群体智慧

如果从智能组织的成员身上提取一种特质，从而解释智能组织存在、维系和发展的根源的话，我们认为它是群体智慧，或者叫作集体智能。

我们都很熟悉《水浒传》中梁山好汉的故事，特别是攻打方腊的那场拉锯战，使梁山好汉损失惨重。为什么会出现如此的局面？不妨从组织功能发挥的角度来分析一下。

实际上，梁山好汉中有人对宋江、吴用的权力组合有疑义，在等级观念比较严格的梁山团队内部，没有人具备打破这种团队结构的魄力和底气。这是因为，组织本身具有权力运行的惯性，也就是说，一旦权力结构及其运行方式被大众认可并施行开来，要想改变它就非常困难。

梁山团队最终失败也具有其必然性，因为梁山团队的组织结构及其运行方式存在很多难以弥补的缺陷。其致命弱点至少有三个：第一个是信息高度不对称。梁山团队与朝廷、方腊三方之间信息不对称，梁山团队内部信息也仅有核心人员知悉，一般的梁山好汉只知道任务，却不知团队战略，所以在战略失利的情况下执行任务，效果可想而知。在信息不对称之下进行的博弈，完全是信息操纵者即朝廷获得了最大的赢利。第二个是领导团队思维僵化。宋江陷入了自身利益的偏激追求中，吴用本身也有很大的利益诉求，这种情形下领导团队内部必然缺乏灵活性，进而失去了团队革新的机遇和可能性。第三个是团队的活力被严重禁锢。由于每位好汉都是奉命行事，所以他们不再具有战略可塑性，其任务完成趋向于单向地执行，自身决策等都不存在，因此其决策活力难以释放。

要破解梁山团队的困境，最为重要的途径是激发群体智慧。因为任何团队如果较好地凝聚合力，其产生的作用必将比每个人独自发挥作用之和还要多。因此，企业需要将激发团队群体智慧，作为企业决策过程中的首要工作。

只有把激发群体智慧作为一种前提，智能组织内部的去中心化决策才变得合理，其决策效果才能最大限度地避免出现偏差。智能组织绝对不能仅仅强调最高领导层的决策能力，而忽略了一线团队和员工的决策素质。要知道，"春江水暖鸭先知"，感受市场和用户需求脉动最直接的永远是工作在一线的人。要发挥其良好的作用，必须注重创造使他们发挥作用的环境和条件。

二、决策的优化

下面，我们通过一个简单的例子来看看决策为什么要优化？

某家企业要开发一种新的产品，这种产品在市场上属于空白领域，几乎没有竞争对手。但是，当这家企业进行先期宣传、释放出开发这种产品的信息后，潜在的竞争对手就出现了。在不断加大投入、开展市场调查、用户画像、信息分析等的过程中，竞争对手通过某种途径实现了"弯道超车"。竞争对手开发的产品已进入市场，开拓了这块市场，获得了先发优势。

此时，一般认为企业应该尽快推出相关产品，以此分得市场份额，占据一定的有利地位。可是，问题是显而易见的：进入未发展成熟的领域，其投入是连续的，收益有时并不能保证，这种机会成本需要企业承担；自身研发的产品还未达到最优状态，一旦上市后获得反向的用户感受，用户群体将流失；一旦竞争对手占领了市场，想再次获得竞争的胜利就难上加难。

然而，如果我们从发展战略的角度思考，产品还未成熟，我们应该加速研究，形成更加成熟的产品，作为立足的基本条件。同时，从用户的忠诚度上来说，更具颠覆性、体验更加极致的产品反而能够吸引住用户群体，给用户带来更好的价值体验，从而获得产品和服务的良性发展。

从这个角度来看，决策需要多维思考，不能冲动短视，更不能站在自身的角度考虑所有的环境条件，我们需要从多个角度上优化决策的内容，以此获得更具针对性和可行性的决策，达到效益最大化的决策目标。

企业进行决策有相应的流程、条件和预期，这是保证决策具有效力和效率的基础。我们一般所说的决策优化，实际上就是优化决策流程、决策条件和决策预期。现在的问题是，怎样进行决策的优化？

　　对于决策流程的优化是流程重组法，即将决策流程进行分解，根据决策目标重新组合决策要素，实现更加优质高效的决策流程。流程重组法适用于企业流程臃肿，流程结构不合理、不清晰等状况。对于决策条件的优化则需要运用环境和要素分析法，对企业经营环境特别是竞争环境进行调查研究，分析决策过程中信息、资源、人才等方面的要素特质，然后设定更加合理的决策时机和决策内容，提高决策的效力和效率。对于决策预期的优化，实际上就是对决策目标的精准设定，对企业的发展环境、资源要素、用户市场进行充分分析后，提出更加具有含金量和精准度的目标预期，以此确保决策的方向是正确可行的。

　　概括起来，主要的可行思路是通过决策理论的研究和实践整合出决策优化的基本途径和主要方法。我们知道，任何企业要进行决策，一定是在特定的指挥平台上进行的，因此，决策优化的首要任务就是优化指挥平台，比如董事会议事规则、业务统筹会的工作机制等。通过优化指挥平台，搭建起决策便利的基础，为后续决策创造必要的潜力空间。这是决策优化的基本途径。

三、决策的生长

企业的决策是个不断进化的过程，我们不能将企业的决策看作是一个固定操作行为。这是因为，随着企业经营环境、行业领域竞争形势的变化，特别是用户群体需求的转化，企业需要越来越灵活的决策。甚至在决策的过程中，随时都面临需要调整的问题。实际上，也只有不断迭代决策过程，企业的决策效益才会更高。

比如以前实体商超发展势头猛烈的时候，大润发、华联等综合商超都在大量扩张。但是随着互联网电商的兴盛，实体商超受到了很大的冲击和影响，这种情况下实体商超客流量和单店盈利率大幅下降，很多综合商超面临亏损经营的局面。随着淘宝、京东的兴起，很多城市的大润发、华联等超市都有倒闭关门的情形。

之所以产生这样的情形，根本原因在于网络购物的用户需求在不断扩张，而实体购物的需求不仅没有增加，还出现了大幅下降。在这种情况下，大润发、华联超市要想获得更好的生存，必须进行战略决策的调整。因此，我们看到如今的实体商超都在进行多样化经营，而且都开始切入互联网经营的领域，比如苏宁电器开发了苏宁易购平台，并且搭建了全方位的网络零售渠道，发展势头还不错。

由此可以看出，企业在发展过程中，必须进行适度的调整，以更好地适应经营环境、打败竞争对手、获得更好的发展。这个过程就是企业决策的生长。它的意思是，企业的决策由于受到决策者能力、信息充分程度、调查分析策略优劣等因素影响，最优决策总在前方未知处，即使是当时最优的决策，在环境、条件和要素不断迭代的过程中，也会慢慢变得不具有优势，甚至可能对企业发展不利。

总体来看，企业的决策是个不断保持动态平衡的系统工程。当企业在当前条件下必须进行决策时，这种决策是自然而然产生的，是必须明确目标指向的组织基础。当然这种决策不一定是最为恰当的，因为决策具有天然的可生长性，加之外界环境的变迁，决策必然进行多重复杂的进化和生长，这是智能组织所具有的巨大组织优势。

第八章

智能组织的
企业家角色

企业家在智能组织中应该如何进行工作？或者说，企业家在智能组织中应该发挥什么样的作用？再进一步说，企业家应该如何定位自身的角色？

　　当然，企业家在智能组织中的作用并不固定，但是，我们依然可以从现实需求和理论思考上提炼一些基本的内容，来归纳企业家在智能组织中应发挥的作用。

　　归纳起来，企业家的作用有四个方面：放权以赋能员工，避免触到阻碍赋能的界线，建立良好的信任关系，构建具有亲和力、竞争力和生命力的文化环境。

　　赋能员工以激发企业内驱力，激发企业内部资源的流动，提高要素的配置效率。企业家在智能组织中，要努力避免越界，即维护赋能规则、行动和结果，为赋能创造条件的同时承担赋能的后果。建立良好的信任关系，则有利于盘活组织体系之间的关系。增进组织架构各成员间的沟通、协调、交互活动，促进内部组织进行网络化、信息化、自动化的连接和运行，构建具有亲和力、竞争力和生命力的文化环境。

　　另外，企业文化、企业目标、企业愿景等关系企业生存和发展的关键问题，都与企业家有着千丝万缕的联系，甚至在某种程度上就是企业家个人决定或者长期实践形成的。为了更好地了解智能组织的运作过程，本章我们将对企业家的有关问题进行讨论。

第一节　放开手中的缰绳

如果将企业比作一驾马车，那么企业家无疑就是马车的驾驶员。企业家手中所掌握的管理权就是能够掌控员工的缰绳。然而，与真正驾驶马车需要牢牢抓住缰绳不同的是，对于智能组织而言，企业家所要做的恰恰是放开手中的缰绳。

企业家的赋能原则

第一条原则是释放组织的活力。智能商业时代，企业的迭代速度决定了企业的发展效益。只有充分保证组织活力，才能让组织实现赋能，获得更高的效益，促进企业快速发展。那么，企业组织活力的主要来源是什么？

企业的组织活力源于企业的制度、企业的文化和企业的资源要素。归根结底，企业的组织活力是由企业家来"执牛耳"的。如果企业家本身保守，守成往往是他最可能的选择，这就会限制企业组织活力的生成和释放，这样的企业很难成为智能组织。

第二条原则是释放员工的创造力。企业家要想实现企业的良好赋能，需要将决策的权力让渡给员工，让员工发挥自身的主动性和创造性，带来企业的创新发展。当然员工创造力的释放是个复杂的过程，需要在文化价值激励、工资收益、福利待遇、工作满足感等多个方面着手。

比如，对于员工个人而言，度过短暂的适应期后，快速提高自身业务能力的最佳方法是，企业让其独立负责开发一个新产品或者承担运营一个新项目。只有在这些任务的锤炼之下，员工的潜能才能被更全面地激发出来，进而带给企业正面的能量，使企业受益。释放员工创造力的有效方法之一就是压担子，给员工当前并不能很好完成，但经过努力能够完成的任务，让员工开发和挖掘自身的能力增长空间，使之适应和掌控新的任务、妥善完成任务。当然，我们不能盲目地给员工安排任务，任务要在员工适度努力后能够达到的范围内，这样才可以保证员工赋能的合理性，否则就是对人力资源的不合理利用。

第三条原则是提高组织的竞争力。组织的竞争力有很多方面，主要体现在企业所提供的产品和服务上，而企业文化、企业团队、企业战略、企业资源、企业目标市场等诸多方面都是组织竞争力的一部分。因此，要提高组织的竞争力，需要多方面发力、全面提高。正如"木桶原理"一样，如果有短板，那么用来盛放液体的木桶容量，就取决于最短的那块木板。对于企业而言，需要补齐每一块"木板"，这涉及企业运营的各个方面，能力和效率都有相应的提高，才能保证企业具有相对的竞争优势。

对员工的赋能条件

第一个条件是命运共同体。当企业与员工形成文化上的认同、工作上的契合、目标上的一致后，二者就形成了命运共同体。企业会因为员工的积极工作而有所获益，员工也会因为企业的发展而得到好处。

换句话说，如果企业要赋能给员工，那么员工首先要与企业目标、发展模式等要素相匹配。试想一下，如果员工能够准确理解企业的发展方向和既定目标，而他本身又具有完成具体任务的意愿和能力，他难道不会积极完成好本职工作吗？企业和员工是相互成就的，员工在选择企业，企业也在选择员工。只有合适的高度匹配的员工，才能使企业获得正向的发展，同时能更好地实现个人价值。

第二个条件是充分连接和互联互通。智能组织要求组织内部网络的充分连接和信息的互联互通。因为要做到赋能，就需要信息充分共享，员工能实时获取到更多的信息，这样终端的决策才有意义。

当企业发展异地业务时（互联网时代，大部分企业都要面临这个问题），异地部门间如何实现协同高效？当前来看答案是网络直接连接。通过网络直接连接，能够建立实时联网互动机制，实现实时视频会议、网络电话会议、网络任务同步等多项工作，而这些是没有连接互联网的企业难以实现的。因此，要实现智能组织的构建和运行，企业家要保证企业是互联网化的，也就是要有互联网应用基础平台，能够实现基本的互联网应用操作。

第三个条件是员工训练有素。说到底，企业家赋能给员工的前提，是员工本身具有很强的能力素质，能够应对企业赋能过程中可能出现的问题。如果员工没有经过特定的能力训练，不具备相应的能力素质，那么赋能根本无从谈起。为此，员工必须具备下面几方面的能力。

首先，趋同的价值观。只有价值观一致，才能优化赋能过程，否则将带来损耗。实际工作过程中，员工与企业价值观趋同，具体表现为组织意愿与个人意愿的吻合，这使得个人价值的实现带来组织价值的实现，助推员工充分发挥自身能力，为实现组织目标和完成任务拼尽全力。

其次，组织协作。只有拥有协作动机、具备协作能力、熟悉协作流程的员工，才能进行赋能操作，避免赋能工作过程的中断和反复。更为重要的是，现代商业活动往往错综复杂，需要整个团队或者若干团队来共同工作，因此，智能组织需要每位员工具备相应的能力素质，以适应越来越重要的互动协作环境。

再次，信息开放互联。一方面是员工掌握的信息能及时全面地提供给团队，给团队调查、获取、分析信息带来便利；另一方面是员工能够充分准确地获取团队开放的信息，为分析、决策打下良好的基础。

给赋能套上"隐形的锁链"

对企业家而言，建立智能组织意味着下放权力，让一线的决策者发挥作用。如果一线决策存在隐患或者问题，那么企业家必须果断地阻止一线赋能过程的运行。因为一些不够恰当的赋能决策，会使企业受到负面的影响，甚至带来极大的损失，比如给竞争对手提供机会、带来用户的流失、向市场提供了存在缺陷的产品或服务等。也就是说，企业家既要能够真正把权力的缰绳放手给员工，同时又需要设置一定的统筹、控制措施，避免或者修正一线决策者的决策失误。

第一道锁链是降低组织风险。传统型组织有管理风险的存在，相应地智能组织也有赋能的风险。那么企业家需要降低怎样的组织风险，又该怎样降低这些风险呢？

智能组织的风险包含两部分：一是系统性风险，包括赋能过程中要素、环节、结果上的风险；二是非系统性风险，包括智能组织面临的竞争环境、商业氛围、市场潜力等。要规避或者降低这些风险，需要从源头上、机制上、过程中多方面发力化解。在源头上，把握好赋能的原则和条件；在机制上，设置赋能的反馈修正措施；在过程中，不断进行统筹协调。

第二道锁链是提高组织效益。智能组织的效益应该比传统激励型组织的效益更高。这就需要企业家提高统筹协调能力。当企业家不断将最具有创造力和内驱力的要素汇聚激发起来，每位员工都是组织效益提升的发动机时，企业的效益一定会处于较高水平。

问题是，每位员工都在发挥自身的主观能动性，为企业实现利益最大化而工作，他们之间可能存在资源争夺、要素争夺、流程竞争，企业家需要做好这方面的协调配置工作，使员工的工作符合团队的愿景，而又不打击任何人的积极性，保证员工的主动性和创造能力。

第二节　避免越界

对于一般的企业家而言，建立智能组织最大的障碍在于：企业家总会有干预、控制、管理员工的"冲动"和实际行动。而这恰恰是企业赋能过程中面临的最大考验。因为员工与企业家的出发点和所认识到的问题完全不同，因此其决策理由、决策时机和决策要点往往不一致。如果企业家对员工进行干预和调控，可能会对建立和运行智能组织带来危害。因为智能组织的运行准则遭到破坏时，员工的积极性和主动性也会受到压制。所以企业家需要时刻注意一个问题：避免越界。

把握恰当的尺度

对于智能组织，企业家应该起到怎样的作用？概括起来就是统筹协调和把关的作用。既然是统筹协调，一定要合理恰当；又因为要把关，还需要保持一定的刚性。从现实的角度来看，企业家要在团队中发挥巨大的协调和决策作用，最关键的是要把握好尺度。

对于企业的发展方向，企业家是最清楚的。换句话说，企业家能够认知和推动的企业发展方向，就基本代表了企业当前阶段的认知层次。因此企业家把握的这个认知就变得十分关键，企业家需要具有足够的话语权来保证其认知能够落实到具体的实践中，并产生一定的合适的能够被接受的效果。反过来说，如果给企业家以绝对权力，一方面企业家自身精力难以分配好，对企业家个人处境不利；另一方面也是更重要的，企业员工会因此变得束手束脚、唯唯诺诺，走向完全"等靠要"的境地。

因此，企业家需要保持一定的决策优先权和绝对权，就是对于某些内容方面的决策应该以企业家决策为先，其他员工在企业家作出决策时，要遵照企业家的先发决策进行工作，要服从企业家凭借自身信息优势、资源优势和影响力优势等内容作出的决定，并奋力帮助企业家实现既定的工作任务和目标。

当然，企业家也应该给员工设定一些戒尺，以规范员工在赋能活动中的行动和作用。只有员工按照企业共同目标愿景，发挥自身良好的能力素质，为精准及时发挥个人作用而努力，企业家的戒尺才不会落下，打到个人的身上。一旦有员工在赋能过程中逾矩，或者不遵守特定的符合企业利益的规则，企业家需要发挥自身的作用给予其一定的惩戒。

企业家对员工赋能的惩戒有很多方面，比如调整岗位、变更职责、部门轮换、团队重组、待遇调整等。这些措施有的是频繁使用的条目，有的则要慎用。这里需要注意，对于擅于和乐于赋能的员工而言，他们往往在赋能中受益良多，因此他们一般不会给企业家带来"麻烦"，他们会自觉按照赋能的规则行事，避免出现不符合赋能要求的言行举动。

设定权力的边界

企业家还应该给自己的权力设定一定的边界，让它时刻提醒自己能做什么、不能做什么，然后在这种不断的递进完善中，实现企业家意愿、组织意愿和员工意愿的最佳平衡，达到组织赋能的良好状态。

这也带来了一个问题：企业家权力的边界到底应该在什么地方？

实际上，是在企业效率方面。如果企业家对员工赋能达到了比企业家直接管理更高的企业效率，那么企业家应该积极进行赋能；反之，如果由于员工决策失误、商业条件不成熟等原因造成企业效率下降，那么应该由企业家进行直接管理。问题在于：如何才能敏锐感知企业效率的变化，或者能够准确感知企业家的赋能或者管理活动的作用？这就要看企业产品的转化率和服务的转化率。当单位时间内产品和服务的转化率提高时，说明企业运营、资源应用、人才队伍等要素是高效运行的，而且企业产、销、储、供等各个环节也是优质转化的。

做有耐心的企业家

就人类的本性而言，放弃权力并不好受，但如果结合企业赋能后的巨大利益，企业家应该会毫不犹豫地选择赋能。这时就要做到有耐心。

如果企业家对智能组织体系要求高效率运转，那么大概率这家企业具有很高的运行效率，成员们形成了快速应对、快速解决、快速获取、快速反馈等一系列迅即解决问题的能力。

然而，随着企业的发展，企业面临越来越多的研发任务，这些研发任务并不能快速完成。因为科技研发必须进行大量的先期投入，只有在先期投入积累到一定量的时候，才可能借助正确的方法，实现一定的技术突破，产生具有颠覆性或者竞争优势的产品和服务。

研发部门提出新创意、研发新技术、开发新产品的节奏也不可能持续加快，否则产品和服务就不够成熟，也就对企业发展没有多少益处。这就需要企业家保持一定的耐心，给予研发部门充足的时间，保证他们开发出具有优势的产品和服务，帮助企业实现更大的发展。

有耐心还有另一方面的含义，即擅于坚持。很多时候成功是累积效应带来的，企业家在经营的过程中，需要坚持、坚持、再坚持。企业家需要始终坚定信心，一旦认准合理的目标和有潜力的业务，就要以锲而不舍的精神和毅力去坚持。

企业经营就像登山，企业家应该像专业的登山运动员那样，一步一个脚印地踏实攀爬；企业经营也需要长劲，需要实打实地一步一步推进。专业的登山运动员还懂得张弛有度，他不可能始终以一个速度前行，更不可能独自前行，他需要有同伴协助，需要保持良好的状态。企业经营也类似，企业家更像一名领队，他要在保持大方向正确的同时，接纳和帮助团队成员持续前进，直到登上一个又一个山峰。

概括起来，企业家要给员工以动力和压力，既给员工独立完成任务的机会，又能在员工难以自行完成任务时给予援助，而且在过程中不断帮助每位员工保持良好状态，以及提供得力的保障。这样企业家才能成为一名合格的"领队"兼"运动员"。

第三节　建立信任

　　企业家与员工、企业家与团队，以及员工之间，都需要建立牢固和科学的信任关系。

　　这种信任关系，首先应该是牢固的，企业赋能才有可能，毕竟各项活动需要企业成员之间必要的积极的配合。这种信任关系，还应该是科学的，因为企业活动不是盲目的行动集合，而是理性的行动集合，是诸多具有合理性和可行性的活动的共同作用。

　　那么，企业家应该怎样在企业中建立信任的关系呢？

信任关系的基本条件

信任关系要成立，需要满足这样的条件，即信任者与被信任者都能理解、接受和尊重彼此。说白了，信任关系是对等的接受与被接受，它是天然匹配的相互合作关系。也就是说，单向的信任不能称为智能组织内部的信任关系。

对于智能组织而言，企业家首先依然是个领导者，即使他采用的是去中心化的领导方式。而且，他的管理也要更加侧重统筹协调方面。由于我们无法否认企业家的管理作用，这就带来一个严重的问题：管理者与被管理者天然地存在对立，管理者总会要求被管理者遵守、执行甚至维护某种规则或者事项，而被管理者受利益、身心或者环境因素的影响，很多时候会出现抵触、违背甚至叛离的情形。这就是说，管理者要想和被管理者建立信任关系是个天然难题。

另外，企业内部人际关系具有一定的迭代性。企业内部的人际关系是错综复杂的，不是单线连接，而是多维的复合连接。企业内部的信任关系，通过不同人的共同"作用"，可能产生更深层次的隔阂、阻碍和矛盾，因此其信任关系的建立将难上加难。

信任关系的内容

一般来说，根据企业实践中的活动情况，信任关系的内容包括信任基础、信任核心和信任效果等部分。

　　信任基础是指信任关系建立所需的基本要素，比如企业家、企业员工、共同的目标、赋能工作流等，这些要素相互连接，形成了信任关系的基础。以企业共同目标为例，企业家和企业员工会围绕企业的共同目标而努力，这是企业发展的重要条件。

　　信任核心是指企业家与组织其他成员形成管理与赋能的动态平衡状态，这是信任关系存在和维系的基本形态。一家企业内部，是管理多一点好还是赋能多一点好，取决于信任关系的层次，良好的信任关系更有利于赋能。另外，信任是动态的，因此企业家要与其他组织成员产生信任感，需要不断剔除相互的距离感，实现强有力的认同感和接受感。信任关系的核心必须有坚实的基础和必要的条件保障，同时又显现为信任效果。

　　信任效果是指企业家、管理层、员工之间建立起动态平衡的信任关系。信任关系不是一蹴而就的，需要企业家、管理层、员工等进行良性的交流和合作，进而打造顺畅、温和的互动氛围，信任关系才会不断缔造、维系和发展。由于受企业人员变动、部门协调等因素的影响，不断发展变化的信任关系才是最为有效的。

　　在基本要素都健全的前提下，保证企业内部赋能的平台、技术和运营上的条件，促进企业家与组织成员发生良性的互动，从而建立信任关系的动态平衡状态，是塑造信任的基本模式。

信任关系的建立

企业该如何建立信任的人际关系呢？诀窍在于合作、协调和互动。

人际关系的最核心环节是合作。对于企业内部运作而言，企业的各个运行环节都是通过合作来实现的，因此企业需要不断强化合作关系，并且提升合作的效益。企业家应该怎样来促进合作呢？答案是统筹运用好各项资源，通过开放综合性项目来缔造合作的需求，因为一项重大综合性项目的实现往往需要多个部门之间通力配合，这时合作就变得天经地义。

人际关系在运行过程中必然会面临矛盾和摩擦，此时就需要进行协调。企业家是最终的或者说是最权威的协调人，企业家在企业运行特别是智能组织里最重要的作用就是协调各个层次的人际关系。很多人害怕在人际关系中进行事项协调，实际上协调本身能带来更多的交往，产生更多的更深层次的交往效果。

互动越多，人际关系越紧密，越可能带来合作。对于由于任务隔阂、区域隔阂、技术隔阂等原因而产生的人际关系淡化、减弱的情形，企业需要鼓励成员进行互动，积极推动人际互动，进而建立良好的人际关系。企业家在促进员工进行互动上具有重要的地位，只有企业家建立适当的机制来督促员工进行积极的互动，员工才能获得更宽松的互动氛围。否则，企业家将不能给员工互动带来利好条件，甚至会阻碍员工之间进行互动。

如何在处于上位的企业家和处于下位的员工之间构建信任关系？如何在团队成员之间以及不同部门之间建立信任关系？需要解决三个层次的难题：相互理解、相互接受、相互尊重。

要创造能够相互理解的信任氛围，有两条途径：一是通过规章制度来约束，二是通过文化内涵来激励。要构建相互接受的信任关系，需要消除互动双方的隔阂感，也就是企业家对员工的陌生感、员工之间的冷漠感、部门之间的竞争感。要相互尊重，就要保持一定的认知距离，不进行直接的硬性的纷争，而要彼此支持对方的思想观念、决策方法以及实际行动。

概而言之，企业组织内部的信任关系，不仅存在天然难题，还同时存在二阶难题，甚至多阶复合难题。但是对于智能组织来说，企业内部的信任关系必须建立，否则合作将难以实现。

第四节　企业家的人格魅力

观察那些持续发展、快速增长的企业，就会发现它们的发展蕴藏着一条基本的规律：它们往往都有一个坚强的组织团队，而这个团队必有一个核心，它是团队存在和维系的灵魂和关键。那么，团队靠什么来聚拢大量优秀的成员为企业发展出谋划策呢？答案是：企业家的人格魅力。

一、企业家的精神特质

中国商界，有一位女性企业家，其影响力广为人知。她就是董明珠。

董明珠身上有三种特质：理性、刚毅和信心。理性是保持对危机的清醒认识和对机遇的精准把握；刚毅是看准了就出手以及对挫折和困难有耐力，并能够经受住考验，坚定地向前进；信心是自我理性认知的结果。这三种特质是企业家必备的基本特质，有助于企业家把好企业发展方向，同时规避一定的风险。

在商场上，有时进攻就会带来胜利。但企业能够一直处于进攻状态，一直开发新产品、拓展新市场吗？当然不能。面对发展和运营的各种诱惑、迷雾，企业家需要保持清醒的头脑，科学理性地从多个角度分析判断，进而作出最有利于企业发展的决策。

做企业很难，难就难在很多时候企业家的决策不一定正确。一方面信息的获取很难做到充分完整，另一方面企业家本身的思考也可能不够充分全面，因此企业家的决策往往会依赖团队。这就带来一个问题，团队里的多数人都没有企业家对这个企业了解得那么深入和全面，所以企业家需要将团队成员精华的认识和判断集合起来，当机立断地决策相关的措施和项目，以保证企业发展不停滞。这就是刚毅的表现。

创造出成功企业的企业家是乐观的，他们对自己从事的工作和事业非常有信心，并且还将这种观念灌输给企业的每个人，让这些人也获得自信的力量，激发出更加具有创造性的行动。这就是信心的力量。当然，信心不是来自一种盲目的非理性决策，而是一种基于理性分析而来的判断。

二、企业家的专业特质

企业家的专业特质表现为企业家运营企业的意愿、能力和素质。具体来说，企业家的专业特质体现在企业家对行业市场的敏锐判断，对用户需求的准确判断和把握，对组织团队的合理搭建等方面。

一是对行业市场的敏锐判断。企业家创业一般是以身边接触到的市场为起点，实际上这就反映了企业家一般是按照熟悉的市场条件在储备、运用和实施创业的。比如马化腾创业选的就是自己熟悉的计算机领域，他是代码工程师，因此他倾向于开发应用软件，打造出了社交用的 QQ 和微信。

二是对用户需求的准确判断和把握。企业家要想获得成功，往往需要对用户需求进行准确判断和把握。只有具有前瞻意识，准确感知到用户需求，才能开发出满足用户需求的产品和服务，并进一步发掘、扩大和促进用户的需求。比如很多生活电器在制作出来以前，人们即使有相应的需求，也没有相应的产品满足需求。正是一些企业家对用户需求进行了准确判断，才开发出了满足用户需求的电器产品，带来了相应市场的形成以及不断发展壮大。

三是对组织团队的合理搭建。有些成功的企业家可能并不善于管理，但他们往往具有某种特质，能够聚拢团队、统筹团队、运行团队。比如马化腾在成立腾讯之前一直在从事技术开发工作，并没有管理企业的经验，在前期任职的公司里他学到的唯一对运营企业有用的经验是：开发产品是要赚钱的。后来他之所以能够支撑起腾讯，并使其良好运转，一方面得益于他后天的高效学习，另一方面就在于他搭建了合适的领导团队。这个核心团队保证了腾讯在发展的各个阶段都稳如磐石；既为企业发展提供动力，又能够不断自我革新，产生更多的内在活力和能量。

三、企业家的作用

对于一家企业而言，企业家真正的作用是什么？

对于华为来说，就股权占比而言，任正非并不占有多少优势，但是至今华为的发展都离不开任正非所发挥的作用。他始终以客户为核心，以奋斗者为本，带动和激发了无数的华为人勠力同心、奋勇前行，不断创造一个又一个奇迹。任正非是华为精神的代表，是华为品牌的重要组成部分，从这个意义上说，任正非不仅缔造了华为，还影响了无数华为企业能够辐射到的人群。

可见，优秀的企业家是企业发展的引领者、企业精神的缔造者，也是企业品牌的重要组成部分，对于企业发展和定位具有重要的决策和辅助决策的影响。

但任正非的答案在纷繁复杂的企业活动中并不是完全适用的，因为企业活动归根结底是个系统工程，其涉及的每个环节、每个节点、每个层面都在发挥自身的作用，都在某种程度上决定着企业发展的方向和未来。

这就表明，我们需要重视企业家发挥的重要作用，但也不能过度地看待这种作用。通用集团能够屹立一百余年且始终保持在行业前列，有部分企业家的个人贡献，但更多的是企业战略文化在发生着持续的作用。如果一家企业的发展高度依赖企业家个人，那么这家企业的运营是不够成熟和科学的，而且具有的风险和不稳定性也难以估量。

因此，需要将企业家对企业发挥的作用降到一定程度，而不是无限拔高。企业绝对不能过于依赖企业家个人，应借助企业家发展企业的同时，努力促进企业运营组织的整体提升。

第九章

智能组织的未来

对于智能组织这个主题，我们前面用大量的篇幅进行了阐述，解释和回答了很多问题，但依然有很多问题没有涉及，一方面是由于智能组织发展处于起势阶段，后续所能产生的实践成果难以琢磨，另一方面是由于本书篇幅所限，对一些问题没有展开讨论。

概而言之，智能组织仍面临三个方面的挑战和冲击。它们是：智能组织快速迭代产生众多可能性、组织发展的深层次规律尚待发掘研究、未来的组织形态将发展到何种程度尚未可知。当然这些挑战和冲击具有相对性，在未来的某个阶段智能组织可能会化解这些问题，发展成为成熟健全的组织形态。

第一节　智能组织的快速迭代

前面说过，智能组织本身是有阶位的，低阶位的智能组织会逐步发展为高阶位的智能组织，高阶位的智能组织也在不断向前发展。即使是智能组织这个概念，也是在持续演化的。下面，我们围绕智能组织的若干形态特征来进行说明。

目前智能组织实现的是组织内部的互联互通，那么后期的智能组织能否实现行业或者领域内的互联互通？完全有这样的可能性。对于企业而言，一个行业领域内的信息共享、资源共享、人力共享，现在看来并不现实，因为这些企业要素本身就是竞争力的组成部分，但未来这些资源可能发生功能性的变迁或者产生出更多的替代资源。

比如，对于不同区域的资源来说，如果能够实行全区域广泛的连接，那么其流通效率将得到很大程度的提高，也就意味着该资源在紧缺地区会得到尽快补充，因此商家难以囤积谋利，而资源富集地区也会及时得到输出，避免因量多而造成价廉现象。

概而言之，随着智能组织的演进变迁，各项企业经营资源将因为连接形态的发展而进化，其结果是资源高效迭代和流通效益提升。

另外，还有很多前沿的科学技术仍在快速发展，其应用也具有很大的不确定性。换言之，现有技术可以支撑当前企业形态的发展，但企业发展所需的很多潜在技术仍在发展过程中，甚至还没有发展成可应用的状态。这些科学技术一旦获得突破性进步，必将深刻变革我们的生活方式，进而带动企业经营环境和企业组织方式发生深刻变化。

以人工智能技术为例。我们设想一下，如果能够将人类的智能进行封存，集成到智能芯片上，那么我们就具有了人类智能和机器智能的双重优势，人类智能的创造性、适应性以及人工智能的计算能力、逻辑能力、迭代能力聚合在一起，将会产生更深入的颠覆性变革和更复杂的可能性。在这种情况下，人类的记忆训练将转化为机器记忆的训练，机器训练应用程序的开发和经营就是新的企业经营机遇。

从技术发展和应用的规律来看，随着技术的发展，智能组织将得到更加高级的技术支撑，产生更高技术含量的产品和服务，进而更好地为人类社会服务。

智能组织的进化演变，随着时代的发展将出现更加高级、高效、高质的形态。换言之，随着社会发展、技术进步和商业需求的迭代，智能组织将不断进化以适应未来商业运营的环境，并不断更新自身所具有的资源和条件，以保证企业始终赋能，进而促进企业的功能获得良好发挥，获得更多创造性和更快的迭代效率。

第二节　组织发展的深层规律

　　智能组织作为当前和今后很长一段时间企业发展重要的组织形态，是企业发展的一个重要阶段或者重要部分，而不会持续占据领先位置。

　　我们需要从组织的发展规律来进行整体分析，毕竟只有把握了组织发展的基本规律，才能对现阶段和未来组织发展的模式和形态具有更加准确、更具可行性的理解和把握。那么，组织发展有哪些基本的规律呢？

　　第一，组织运行的非同步性，决定了组织发展会形成层次的梯度。每个组织的发展阶段不同、业务运营不同、基础条件不同，其组织发展将形成不同的运行方式的梯度，这里的组织梯度就是组织发展阶段的不同。比如，互联网企业往往更容易发展成为智能组织，而传统企业很难快速发展为智能组织，这是因为互联网企业负担小，能够快速适应环境，将自身的组织形态调整到同步环境的状态，而传统企业负担重，快速融入环境、适应环境的能力较弱，其组织形态的变更往往较缓慢，甚至滞后于时代发展、行业发展和用户需求迭代的速度。

第二，组织运行的环境、要素、条件、发展、反馈机制不同，决定了组织形态的多样性。每个企业由于经营的业务不尽相同，即使业务趋于类似，其发展基础、发展文化、发展策略都不一定相同，因此这些企业在运营时往往各成一格，拥有自己的组织形态。在此情况下，企业就形成了多样性的组织形态。实际上，即使是同一行业，由于企业经营规模、发展策略不同，采取的组织形态也不相同，比如电器品牌美的重在多元化发展，而格力重在核心竞争力。企业策略的不同还造成企业形态的不同，美的具有广阔的市场分布，格力的市场领域则相对较为固定。可以说，不同组织形态的企业共同生存，目前来看仍将持续很长时间。

第三，组织资源和组织要素互相迭代，促进了组织形成和发展。每家企业的组织资源都不相同，给企业的未来发展带来很多可能性。有的企业战略方向比较前瞻，具有很强的战略优势；有的企业资金雄厚，能够推进很多需要先期投入的大中项目；有的企业技术先进，即使目前规模有限，但未来潜力很大。当然，每家企业的组织要素也不相同，因此企业发展的进度存在巨大的差异。在瞬息万变的市场环境中，组织资源和组织要素的差异会被放大，所带来的组织形态差异性也很大。

第三节 组织的未来

自始至终我们讨论的都是当前意义上的"未来",而"未来"真正将演化为怎样的形态、怎样的要素、怎样的表现方式,我们根本没有办法准确预知。

现在很多人乘坐飞机出行,可是,如果将时间回推到1903年以前,那时没有人见过飞机,也不知道飞机长什么样,更不知道飞机制造和运行的原理。《纽约时报》还专门以"人类造出飞机还需要一百万到一千万年"为题论述过这个问题。

然而,就在《纽约时报》这篇文章发表几周后,莱特兄弟就成功驾驶自制的飞机飞上了天空。对于这则颠覆《纽约时报》文章的消息，没有一家报社相信是真的，人们根本不相信飞机会被制造出来。随后，莱特兄弟对他们的飞机不断优化，并于 1908 年在公众面前进行了飞行，才使人们真正接受了他们成功地制造了飞机并成功飞行的事实。

这个案例表明，预测未来往往并不太可靠。实际上，根据统计，大约 99.9% 的人会错误地预测未来。

这背后的逻辑在于，未来是有很多质变可能性的。我们不应该由当前的量变状态来推导未来的质变状态。当前我们认为的重要变革或者突变，实际上可能是质变出现的基本特征，也可能是量变的不同阶段，还可能就是一次简单的量变过程。因此，对于当前的变革或者进化，我们应该理性地认识，而不应陷入桎梏之中难以自拔。

我们这里并不是说，对未来的预测都会失败。相反，通过掌握科学的规律，根据规律演化的模式进行思考，对未来有可能获得成功感知。

组织的未来是新的组织形态、新的组织规律、新的组织原则、新的组织要素的集合。随着科学技术、商业经营模式的进步，组织将持续进行变革。企业运营中涉及的资源要素都会像如今的信息要素一样，获得快速流转、循环，进而迭代形成更加具有创意和生命力的组织形态。

概括起来，组织的未来将随着多维的进化、高阶的演进、深层的发展而出现颠覆性的变迁。这种变迁将在智能时代发生高速的革新，并不断缩短迭代周期，给组织带来更加深入和快速的发展。至于智能组织未来的形态，是一个完整而高级的课题，有待未来学家、科技专家们持续地进行研究和探索。